銷售稅
制度與實務（含關稅）

中華財政學會主編

張盛和　許慈美
　　　　　　　　編著
吳月琴　莊水吉

三民書局

國家圖書館出版品預行編目資料

銷售稅制度與實務(含關稅) / 張盛和,許慈美,吳月
琴,莊水吉編著.－－初版一刷.－－臺北市：三
民，2007
　　面；　公分
　ISBN 978-957-14-4626-4　（平裝）

　1.營業稅
　2.關稅

567.5　　　　　　　　　　　　　　　95018135

© 　銷售稅制度與實務(含關稅)

主　　編	中華財政學會
編著者	張盛和　許慈美 吳月琴　莊水吉
責任編輯	張本怡
美術設計	謝岱均
發行人	劉振強
發行所	三民書局股份有限公司 地址　臺北市復興北路386號 電話　(02)25006600 郵撥帳號　0009998-5
門市部	(復北店)臺北市復興北路386號 (重南店)臺北市重慶南路一段61號
出版日期	初版一刷　2007年1月
編　　號	S 562250
基本定價	柒元貳角

行政院新聞局登記證局版臺業字第○二○○號

有著作權‧不准侵害

ISBN　978-957-14-4626-4　（平裝）

總序

　　歷年以來坊間各大書局出版有關財稅的書籍，在數量上不算太少，其中以財政學教科書居多，此類教科書又以介紹一般理論與國外的制度占大半，作者能融會貫通，並納入探討臺灣的財稅制度和現況者少之又少；而所舉的例子，每每與國內情況有相當隔閡，很難產生作者與讀者的共鳴。

　　我國財政部財稅人員訓練所，於二、三十年前曾編撰或翻譯過一些財稅專門著作，至今雖不失有參考的價值，但畢竟已嫌陳舊，內容更感不足，在過去二、三年，理論有推陳，在制度上、實務上也有不少革新之處。

　　中華財政學會是一個非營利的學術組織，理監事集合了臺灣財稅學術界的菁英與實務界的領導。該會自民國九十一年九月二十八日創立以來，積極推展各項學術活動，除分別與行政院主計處、財政部稅制會、財政部高雄市國稅局、財政部臺灣省中區國稅局、嘉義市政府、臺灣金融研訓院、中國國際商業銀行、臺灣期貨交易所、證券暨期貨發展基金會、政治大學、臺北大學、中山大學、逢甲大學、慈濟大學、臺北商業技術學院、高雄應用科技大學、景文技術學院、大陸中國財政學會等單位合作，舉辦多項財稅政策與制度革新研討會、學術論文發表會、海峽兩岸財稅問題學術交流會，並承接財政部賦稅署、衛生署、工商協進會等機構多項委託研究。本年度所籌劃建立的財稅專業能力證照制度，年底即可付之實施。

　　本會在兩屆理監事群策群力之下，本著提高臺灣的財稅學術水準為宗旨，結合臺灣財稅的學術理論與實務為鵠的，充分發揮合作的效果，特設置獎助學金鼓勵財稅學子研究與撰寫論文。期為求臺灣的財稅出版

品跟上時代，特設立財稅叢書編輯委員會，策畫編寫叢書，第一期計畫出版當代財政學、財政學、地方財政、國際租稅、所得稅、銷售稅與財產稅等。第二期計畫出版臺灣財政制度史等著作。《銷售稅的制度與實務（含關稅）》，即是在此一計畫項下首先完成的著作。

　　因參與叢書編撰的財稅學術界與實務界人數頗多，進度不一，感謝第一本出版品的召集人張盛和先生，著力最多，他不僅有豐富的實務經驗，且長期在臺灣大學講授租稅課程，其他作者如許慈美、吳月琴與莊水吉皆為大學財稅所系科班出生，在財政部或國稅局已累積二十多年工作經驗，對銷售稅瞭解十分深入，且以往皆有執筆發表銷售稅或關稅的專門著作。

　　本會編撰財稅叢書計畫消息被披露後，曾有多家書局爭取出版，經本會同仁多方評量，決定委由出版信譽卓著的三民書局印行，希望在本會與三民書局合作下，共同為臺灣的財稅學術與實務界略盡棉力，並藉本會叢書出版，能對臺灣財稅學術水準之提升，有所助益。

陳聽安
民國九十五年十二月十日
於中華財政學會

序

　　中華財政學會係由國內財政學術界與實務界的菁英所組成之社團，其對國內財稅制度與政策的研究及推廣不遺餘力，除舉辦各項財稅認證、專題研討，並籌畫編撰「財政學科叢書」，以提升國內財政學術水準，期使大專院校的財稅科系學生，能有系統的瞭解各種租稅制度與實務，本書即是這一套叢書的一部分。

　　本書內容包括總論、營業稅篇、貨物稅與菸酒稅篇及關稅篇，由財政部賦稅署張署長盛和召集實務專家執筆：張署長本人撰寫總論；賦稅署吳前專門委員月琴撰寫貨物稅、菸酒稅；財政部關政司莊專門委員水吉撰寫關稅；臺北市國稅局審查三科許科長慈美撰寫加值型及非加值型營業稅之課稅制度與實務。作者群對所撰寫之主題，都有二十年以上的政策與實務經驗，是各該領域一時之選，其所撰寫之內容具有專業性與權威性。

　　觀諸坊間尚乏此類書籍，學子如欲對整體銷售稅制作通盤瞭解，總感不足，對大專院校財稅科系學生、參加高考或普考稅務行政人員、會計師、記帳士或其他證照考試之考生，或在職場上從業的稅務會計人員或稅捐稽徵人員而言，此書之出版，足堪作為教材，對應考與實務作業皆有助益，更是一般自修之學子入門的必備用書。我們深信所有用心的讀者必能從本書中獲得正確的觀念與知識，也熱切的盼望讀者給我們指教與回饋，俾在未來能作更完善的修正。

張盛和
許慈美
吳月琴
莊水吉　　　謹識

銷售稅
制度與實務（含關稅）

目次

第 **1** 篇

總　論

第一章 消費稅、銷售稅及其類型

　　就租稅稅基而言，租稅可分為所得稅、消費稅與財產稅三類，此乃依據凱因斯 (J. M. Keynes) 之交易方程式而來（即所得＝消費＋儲蓄）。惟在各國租稅制度設計上，基於稅務行政之方便性，消費稅多以銷售稅之型態出現。申言之，銷售稅 (Sales Tax) 乃是對物品與勞務之銷售課徵❶。在交易流程圖上（參見圖 1–1），乃是對企業部門之產品在銷售時課稅，因此，銷售稅是對銷售者 (Venders) 所課徵之間接消費稅 (Indirect Consumption Tax)，並假設會向前轉嫁給該產品或勞務的消費者；其與直接課徵於消費者的消費支出稅 (Expenditure Tax) 有所不同。後者乃是對個人的總支出課稅，具有直接稅不易轉嫁性質❷，前者乃對賣方課稅，並假設會透過售價的提高向前轉嫁，故雖然二者皆屬消費稅，但在性質上則大異其趣。

---

❶ 白培英、徐育珠，《銷售稅制度及實務》，財政部財稅人員訓練所，民國六十年五月，第一頁。

❷ Nicholas Kaldor，夏道平譯，《消費支出稅》，財政部財稅人員訓練所，民國六十一年十月，第一八九～二二一頁。

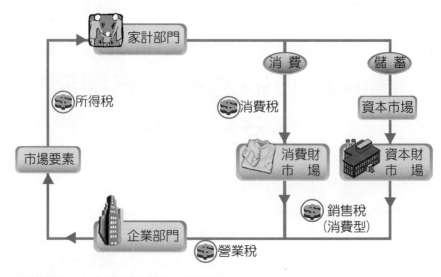

圖 1-1　交易流程圖上之課稅點

　　銷售稅在設計上最重要的二個問題就是稅基 (Tax Base) 與課稅時點 (Points of Collection) 之選擇。一般而言，銷售稅可就所有物品與勞務在銷售時課稅，亦可僅就某幾項特定物品或勞務之銷售課稅。前者稱為「一般銷售稅」(General Sales Tax)，後者稱為「特種銷售稅」或「選擇性銷售稅」(Special or Selective Sales Tax)。在課稅時點上，可在每一交易階段皆分別課稅，此為「多階段銷售稅」(Multiple-stage Sales Tax)；亦可僅就製造、批發、零售之某一階段課稅，此為「單階段銷售稅」(Single-stage Sales Tax)。而多階段銷售稅可就銷售總額課徵，亦可僅就加值額課徵，前者一般稱為「轉手稅」(Turnover Tax)，後者稱之為「加值稅」（Value-added Tax，簡稱 VAT）。

　　因此，如就課稅時點與稅基的不同組合，理論上銷售稅有十三種類型❸，如表 1-1。

表 1-1　銷售稅型態表

階　段	稅　基			
	消費財		消費財與資本財 (III)	所有交易 (IV)
	一般性 (I)	選擇性 (II)		
單階段				
零　　售	一	五	九	－
批　　發	二	六	十	－
製　　造	三	七	十一	－
多階段				
加值額 (Value-added)	四	八	十二	
交易額 (Turnover)	－	－	－	十三

　　表中在橫向方面，第一欄之稅基為所有之消費財，第二欄之稅基為特定幾種之消費財，第三欄則包括消費財與資本財，第四欄為所有交易都在內。第一欄之稅基即為國民生產毛額 (GNP) 中之消費部分，第三欄等於國民生產毛額。至於第四欄之稅基則不是以最終產出 (Final Output)來衡量，而是包括所有之銷售，因此包括一件物品從生產到零售的每一次交易，皆要一再課稅。不僅如此，第四欄之稅基尚包括二手貨之交易及金融性資產 (Financial Assets) 之交易，故其稅基極為廣大。

　　在縱向方面則為課稅時點的不同階段。在單階段方面包括製造、批發、零售三階段；在多階段方面，則分為加值額及交易額二種。

　　表中十三種型態之銷售稅只是理論上之分類，實際上並非每一型態皆有國家採行。一般常見的有：零售稅 (表中第一種)、菸酒稅 (第五種)、

❸　R. A. Musgrave and P. B. Musgrave, *Public Finance in Theory and Practice*, 3rd ed., p. 446, 東南書局印行，民國七十年。

批發稅（第二種）、國產稅 (Excise Tax)（第七種）、製造稅（第三種）、加值稅（第四種）及轉手稅（第十三種）等幾種。因此一般對銷售稅的分類也大致如下：

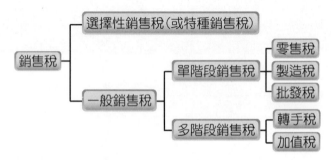

圖 1-2　銷售稅的分類

關鍵詞

◎銷售稅　◎消費稅　◎消費支出稅　◎一般銷售稅　◎特種銷售稅　◎多階段銷售稅　◎單階段銷售稅　◎轉手稅　◎加值稅

 自我評量

1.請問銷售稅與消費稅有何不同？

2.何謂一般銷售稅？何謂特種銷售稅？

3.何謂轉手稅？何謂加值稅？

第二章　銷售稅制型態上之比較

　　為進一步瞭解各類型銷售稅之內涵及其間之差異，以下即就各型態間銷售稅作詳細比較，透過此一比較，讀者對銷售稅制當會有透徹的瞭解。

第一節　選擇性銷售稅與一般銷售稅

　　選擇性銷售稅是選擇特定幾種物品或勞務課稅，其與一般銷售稅就所有物品與勞務課稅者有所不同❹。至於選擇哪幾種物品來課稅，由於目的不同，因此所選擇項目也就不同。一般而言，課徵選擇性銷售稅的目的大概有下列幾種：

1.代替規費

　　對於使用公共財 (Public Goods) 或政府提供勞務之收費，政府常根據「受益原則」(Benefit Principle) 來收取，即根據個人所受利益之大小來收取不等之費用，此即一般收取規費之依據，亦稱為「使用者付費」(User Charges)。但是對於某些公共財之使用，其利益常常難以判斷或認定，因而政府常向與該公共財有關之物品收取。例如使用道路者應付費，但道

---

❹　嚴格言之，不管哪種型態之一般銷售稅都會將某幾種物品或勞務排除在課稅範圍之外，故真正對所有物品或勞務課徵之銷售稅並不多見。

路收費除專用道路或高速公路較易設卡收費外，一般道路之使用在收費技術上則有困難，故改而對汽車或汽油徵稅。因此一般對汽車或汽油課徵銷售稅即含有代替對公路收費之目的。

2. 維持社會善良風氣

許多物品或勞務的消費對社會整體有不良影響，這些物品稱之為「公害財」(Demerit Goods)，其消費常被認為是不道德或有害人體健康，例如菸、酒之消費與賭博等等，因此對這些物品或勞務課以重稅雖然具有高度累退性，但在「寓禁於徵」之立場上 (On Sumptuary Grounds) 常獲得社會的支持。

3. 彌補課稅之公平

對高所得者課以較重的稅一直是租稅公平原則所追求的目標，而一般銷售稅通常是累退的，故許多國家乃選擇少數奢侈品課以高稅率，如對化粧品、珠寶、音響等課以重稅，以減少一般銷售稅的累退現象，增進租稅公平。

4. 反映外部成本

由於科學日益進步，許多污染也隨之而生，例如工廠廢水、排放之黑煙、噪音等等，形成社會之負擔。為了防止這些污染，政府乃對造成污染者課以一定的稅額，使被課稅者成本提高，事實上就是外部成本的內部化 (Internalization of External Cost)。

5. 稅務行政的理由

對少數物品課稅，在稅務行政上較一般銷售稅顯然要容易的多，故多數開發中國家都選擇少數且收入大之物品課稅，例如鹽、糖、水泥等均是良好的課稅對象。

由於選擇性銷售稅之課徵，具有上述各項特定目的，因此要與一般銷售稅來比較優劣，顯然並無必要。不過純就經濟效率面而言，由於一般銷售稅之課稅對象廣泛，不易對產品之間的選擇造成扭曲，故較具中性 (Neutrality)；反之，選擇性銷售稅對課稅物品與不課稅物品之間的價

格將發生干擾，而產生「額外負擔」(Excess Burden)。

　　圖 2-1 中假設消費者之稅前所得線為 AB，均衡點為 E^1。如果政府擬收到 E^2D 之稅收，可對 X 及 Z 產品課以一般銷售稅，稅率為 AA′/OA 或 BB′/OB，消費者所得減少，所得線平行往左移動為 A′B′，均衡點為 E^2。在新的均衡點，生產者之邊際轉換率（Marginal Rate of Transformation，簡稱 MRT）與消費者之邊際替代率（Marginal Rate of Substitution，簡稱 MRS）仍然相等，且等於 X 與 Z 之價格比，符合效率條件，並不發生效率損失。

　　如果政府課的不是一般銷售稅，而是選擇性銷售稅，情況則不一樣。例如政府只課 X 產品，不課 Z 產品，則在同一稅收下勢必要以較高稅率課徵，假設稅率為 FA/OF，消費者之預算線即內移至 BF，均衡點為 E^3。此時 X 與 Z 之相對價格已經改變，生產者之邊際轉換率與消費者之邊際替代率不再相等，發生效率損失，消費者之滿足也由無異曲線 i_1 下降到 i_3，較課一般銷售稅下之滿足 i_2 為低，此種滿足的降低（i_2 至 i_3）即為效率之損失，亦即整體社會之額外負擔。

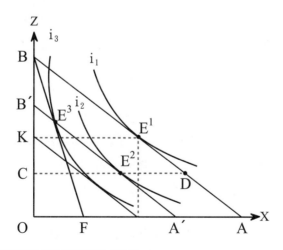

圖 2-1　額外負擔之無異曲線分析

　　所以就經濟效率之觀點而言，銷售稅之課稅對象應廣泛，而不應狹窄。換言之，政府應該以一般銷售稅為主，選擇性銷售稅只宜作為達成特定政策目標的工具。

第二節　單階段銷售稅與多階段銷售稅

　　就課稅的時點而言，如果僅就某一交易階段之銷售行為課稅，謂之單階段銷售稅；如果就所有交易階段之銷售行為課稅，謂之多階段銷售稅。一般而言，單階段銷售稅主要有製造稅 (Manufacture Sales Tax)、批發稅 (Wholesale Sales Tax) 及零售稅 (Retail Sales Tax) 三種，多階段銷售稅則主要有轉手稅及加值稅二種。

　　課徵單階段銷售稅之最大優點為納稅人數少，徵收比較容易，尤其製造稅為然。批發商家數一般而言雖大致較製造商家數多，但也相當有限。相對地，零售商家數則較多。

　　單階段銷售稅雖然家數較少，徵收容易，但是在一定的稅收下，由於納稅人數少，稅率必須提高，而增強逃漏誘因。而且在資源配置效果上，由於各產業型態及各銷售階段之利潤不同，因而產品的稅負會因不同的產銷型態而有差別待遇，影響資源的用途，減損資源的使用效益。當然，此種影響對課稅時點愈接近零售階段者，不良效果愈少，換言之，零售稅對資源配置的不良影響較批發稅少，而批發稅又較製造稅為少。

　　此外，要課徵單階段銷售稅必須要能確認哪些是課稅階段，哪些是非課稅階段。這一點在開發中國家許多營業人從事多階段營業之情況下，相當不易認定。例如我國就有許多營業人兼營「批發」「零售」，甚至在零售階段也有許多係「工廠直營」，因此在這種情況下，課稅階段的認定殊為不易。

　　相對地，多階段課稅就沒有辨認課稅階段的問題，而且因為每一階段皆須課稅，稅負衝擊 (Tax Impact) 分散，特別是轉手稅之情況下，由於

課過稅的加值到次一階段還要再課，稅基廣，因此可以極低的稅率收到一樣的稅收，符合「拔最多的鵝毛，聽最少的鵝叫」之古老租稅諺語。因此許多低度開發國家皆樂於採用此稅。

至於多階段課徵的轉手稅在制度上的缺失，請參閱第四節「轉手稅與加值稅」之比較。

第三節　國產稅與製造稅

國產稅 (Excise Tax) 屬選擇性銷售稅，指的是對一國所生產的某些特定貨物課徵的稅，一般大都課之於菸、酒、油氣等少數幾類。其最初課稅之目的，乃是因為一國自己生產了菸、酒、汽油之後，進口減少了，導致關稅收入的降低，為了彌補此種關稅損失，乃對這些國內生產的進口替代品 (Import Substitutes) 課稅。換言之，國產稅指的是少數幾類產品在生產時所課徵者，而非在銷售時課徵。

但是進口替代工業不斷發展的結果，損失關稅收入的貨品不斷擴大，國產稅課稅的項目也因而增多，從菸、酒、汽油等，增加到奢侈品，甚至大眾使用的必需品也包括在內。因此國產稅的本質已在轉變，今天國產稅已泛指一切對特定貨品生產或銷售時所課徵者。而課徵國產稅的目的，除了少數仍具政策意義外，財政收入的目的也常成為主要考慮因素了。

但是國產稅範圍不斷擴大，其缺點也不斷增加，一方面由於它只對特定物品而非所有物品課稅，使課稅物品與非課稅物品的相對價格發生變化，扭曲了經濟活動；一方面，為了便於徵收，國產稅大都在製造階段課稅，由於批發及零售階段利潤的不一致，因此對於經過不同產銷通路的物品所產生的稅負就不同。換言之，對同樣課國產稅的物品而言，也造成差別待遇，影響生產與分配的效率。

為了避免上述缺失，國產稅乃由選擇性銷售稅逐漸走向屬於一般銷

售稅的製造稅。雖然在製造階段課稅的缺點仍然存在，例如完稅價格的估價問題，物品經過不同產銷通路所造成之稅負不公平問題等等，不過製造稅至少避免了選擇性銷售稅對課稅物品與非課稅物品所造成的扭曲。

我國現行貨物稅對多種貨物課稅，包括橡膠輪胎、水泥、飲料品、平板玻璃、油氣類、電器類、車輛類等，屬於選擇性銷售稅之國產稅，而非屬於一般銷售稅。

第四節　轉手稅與加值稅

轉手稅係多階段按交易總額課徵之銷售稅，其最早之發源地，一說源於德國❺，一說源於中古世紀的西班牙❻。不管如何，轉手稅是出現最早的銷售稅。在銷售稅型態表上，屬於對每一階段所有交易之交易額所課徵者，因此它不僅課及消費財，更課及原料、半製品、機器設備等生產財。其課稅方式如圖2-2。

圖2-2中假設交易階段由生產者經批發商、零售商共三個階段，並假定稅率為1%。生產者生產的物品為2,000元（假設生產者沒有前手，因此且其交易總額即為其加值額），銷售給批發商時課轉手稅20元。其銷售價格即為2,020元，此一數字即為批發商之成本。假設批發商之加值為980元，銷售給零售商時即按交易總額課30元，銷售價格3,030元亦即為零售商之成本。零售商之加值如為970元，銷售給消費者時即按交易總額4,000元課稅40元，最後零售價格為4,040元，此即消費者所支付的價款。

❺ John F. Due, 白培英譯，《間接稅新論》，財政部財稅人員訓練所，民國六十三年六月。

❻ Sijbren Cnossen, "Sales Taxation in OECD Member Countries" Bulletin, Vol. 37, No. 4, 1983, p. 148.

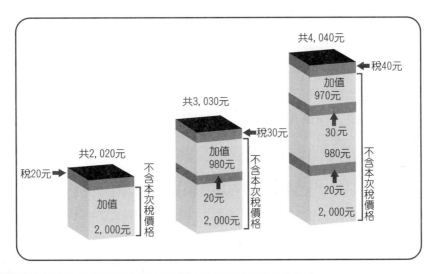

共4,040元
稅40元
加值
970元
30元
980元
20元
2,000元
不含本次稅價格

共3,030元
稅30元
加值
980元
20元
2,000元
不含本次稅價格

共2,020元
稅20元
加值
2,000元
不含本次稅價格

圖 2-2　轉手稅課稅情形示意圖（假定稅率 1%）

　　這種按交易總額課稅的方式，使得前手已課稅的加值（例如生產者的 2,000 元）變成本階段的成本之後（例如批發者的 2,000 元部分）要再課稅一次，甚至在以後各階段仍要繼續再課稅，此謂之「重複課稅」(Double Taxation)。不僅如此，前手所課的稅額（例如批發商的 20 元）也會變成本階段以及以後各階段的成本課稅，謂之「稅上加稅」(Tax on Tax)。交易次數愈多，重複課稅及稅上加稅愈嚴重，形成稅負的累積 (Pyramided)。此種稅負累積現象，學者認為將對經濟造成下列四種不良影響：

1.歧視分工專業經營方式

　　歧視分工專業經營方式，而對一貫作業經營方式有利，亦即鼓勵企業從事垂直合併 (Vertical Integration)，違反租稅中性原則 (Neutrality)。

2.對進出口之課稅處理困難

　　在出口方面，根據目的地課稅原則 (Destination Principle)，出口國家

應將出口物品在國內課徵之稅捐退還，而在進口國進口時課稅。轉手稅因稅負累積，在出口退稅時難以正確計算退稅額；在進口方面，也不知應課以多少稅額方與國內物品稅負相等，而難以課徵，因此轉手稅對國內產製之物品不利，而有利進口物品。

3.降低投資意願

課及生產財，虛增投資成本，降低投資報酬率，使投資意願減低，影響經濟成長。

4.增強逃漏誘因

由於稅負因交易次數累積造成稅負加重，迫使一些業者漏開或跳開發票以減輕負擔，使得稅收遭受損失，亦形成不法業者打擊守法業者的現象，企業間之公平競賽規則 (Rules of Game) 受到動搖。

上述這些缺失已經引起財政學者的重視，認為轉手稅不宜作為適當的稅收來源。美國財政學者 R. A. Musgrave 在論及此稅之缺失時甚至曾說：「很幸運地，美國未受轉手稅之害！」 ❼(The United States, fortunately has never suffered from a turnover tax.) 說明了該稅缺失之嚴重性！

然而轉手稅卻因稅收充分而曾廣為各國採用，如圖 2-2 所示，課轉手稅的稅基會向前累積下去，使得稅基超過國民生產毛額的好幾倍，故政府只須以極低的稅率即可收到極大的稅收，此點對財源不足的國家而言，當甚具吸引力，故即使歐洲先進諸國在 1960 年代也仍廣泛採用此種稅制。

正因為轉手稅具有稅收充分、稅率低的優點，因此一旦政府採行此種稅制，就容易墨守成規，不易改革，其不良影響也就隱藏在此一糖衣之內。隨著一國經濟日益發展，交易次數日益頻繁，轉手稅的缺失就將日益加大，此時政府在經濟發展方面所須付出的代價可能將遠超過轉手稅的財政收入！

---

❼ 同❸，p. 446.

幸好加值稅的發展為轉手稅提供了一個良好的改革途徑，使得原來採行多階段銷售稅制的國家可以免除前述四項對經濟發展所造成的缺失。

加值稅 (Value-added Tax) 之理論最早於 1917 年由美國耶魯大學教授亞當斯 (Thomas S. Adams) 提出❽，但遲至 1954 年，才由法國首先採行❾。理論上，加值稅有所謂「毛所得型」(GNP Type)、「淨所得型」(NI Type) 及「消費型」(Consumption Type) 三種型態，實際上目前採行加值稅之國家皆採消費型，即對投資不課稅。此一型態之加值稅因可鼓勵投資，促進資本形成，對經濟發展功效甚大。

加值稅簡單言之，係對加值額課徵之銷售稅。但何謂加值額？其意義則不甚明確。一般課加值稅的稅基並不包括資本財，政府部門的加值以及一些執行業務者如醫生、律師、會計師等之勞務 (Service) 也不包括在內，甚至本國生產供外銷的出口物品也排除在外，而外國所生產的物品由本國進口者卻包括在內，故加值稅課稅之加值額絕非經濟學家所瞭解的「加值」。國際貨幣基金會 (IMF) 租稅專家 A. A. Tait 因此認為加值稅之所以被稱為加值稅，根本就是名稱上的誤用❿。加值稅只是對私人部門 (Private Sector) 的國內消費所課徵的一種銷售稅型態而已！

一般在課加值稅時，加值的計算大致等於企業在一定期間內之總產出 (Outputs-O) 減去當期之總投入 (Inputs-I) 即

$$VA（加值）= O - I$$

顯然地，此一加值額就是薪資 (W) 與利潤 (P) 之和，即

$$VA = O - I = W + P$$

❽ 殷乃平，《價值增加稅》，財政部財稅人員訓練所，民國六十年三月，第六頁。

❾ G. E. Lend, M. Cassnegra, & M. Guerard 合著，白培英譯，《發展中國家的加值稅》，財政部財稅人員訓練所，民國六十六年一月，第一頁。

❿ A. A. Tait，葉秋南譯，《加值稅理論與實際》，財政部財稅人員訓練所，民國六十四年八月，第二六頁。

　　故加值可經由相減 (O−I) 或相加 (W+P) 求得，透過這兩種相減法或相加法，加值稅之計算至少有四種方式:

$$t \cdot VA = t \cdot (O − I) \cdots\cdots (1)$$
$$t \cdot VA = t \cdot O − t \cdot I \cdots\cdots (2)$$
$$t \cdot VA = t \cdot (W + P) \cdots\cdots (3)$$
$$t \cdot VA = t \cdot W + t \cdot P \cdots\cdots (4)$$

式中 t 為稅率。

　　在上述四種方法中，第三與第四兩種方法在形式上係對薪資與利潤課稅，已不具銷售稅之本質，尤其是第四種方法，等於薪資稅 (Payroll Tax) 與公司所得稅之和，更與銷售稅之本質不符。故相加法只有在美國密西根州之「營業行為稅」採行❶❶。1950 年蕭普顧問團 (Shoup Mission) 對日本加值稅法之立法也曾提出作為改革建議之一種計算方法❶❷。

　　至於採相減方式的第一種方法，一般稱為「稅基相減法」，第二種方法一般稱為「稅額扣抵法」，其在計算之結果方面，如果採用單一稅率，免稅項目少，則應無二致。不過稅基相減法在計算之時因需將企業之進項計算出來，故又稱「帳簿法」(Account Method)，其在觀念上較易明瞭，但計算過程較複雜，納稅人之依從成本 (Compliance Cost) 亦較高。至於稅額扣抵法則無須計算加值，只計算稅額，只要交易一發生即可根據銷貨發票上金額課稅，一定期間後再將進項稅額從中減去即為營業人應納之稅額，此一方法又稱「發票法」(Invoice Method)，在實務上簡便易行，而且具有自動勾稽作用，即買方為了扣抵進項稅額必須取得進項憑證，使得買方逃漏甚為困難。而且即使前手漏開發票，其稅額在以後之交易階段中亦將追補回來。故採行加值稅之國家大都採用此法。至於稅基相

---

❶❶ R. W. Lindholm, *The Economics of VAT*, Lexington Books, D. C. Heath and Company, 1980, p. 19.

❶❷ Clara K. Sullivan, 李金桐、鐘隆津合譯，《營業加值稅》，財政部財稅人員訓練所，民國六十三年十二月，第一五四頁。

減法則只有在日本 1950 年的加值稅法中採行，然而未付諸實施。

　　稅額扣抵法實際之操作情形，可以用表 2-1 之例子說明。表 2-1 中交易階段有四，假設原料供應者無進項，其銷貨額如為 50 元，則應向製造者加收稅額 5 元（假設稅率為 10%，以下同）交給政府。製造者銷貨 150 元，應向批發商加收 15 元，但其已付給原料供應者之 5 元進項稅額可以扣抵，故只需再交 10 元應納稅額給政府。批發商及零售商之情況亦同，最後零售商銷售給消費者 200 元，加收稅額 20 元，亦即消費者付出 20 元之稅款，恰好等於政府在每一交易階段所收稅款之總和。

表 2-1　稅額扣抵法實際之操作情形

生產階段	銷項	進項	稅率	銷項稅額	進項稅額	應納稅額
原料供應者	50	0	10%	5	0	5
製造者	150	50	10%	15	5	10
批發商	160	150	10%	16	15	1
零售商	200	160	10%	20	16	4
消費者		200	10%			20

　　此種方法下的加值稅顯然與轉手稅不同：一方面因稅額外加，故稅額不再轉入成本課稅；一方面因進項稅額可以扣抵，故成本不再課稅，亦即不再有重複課稅及稅上加稅現象，正好消除轉手稅下的各項缺失。

　　然而因為加值稅的稅基較小（成本不課），因此如欲收取與轉手稅一樣的稅收，名目稅率必須大幅提高，而名目稅率的提高常常會對納稅人造成衝擊，而形成改制的重要阻力。

第五節　加值稅與零售稅

　　零售稅係在零售階段課徵之單階段銷售稅，最早於 1932 年發源於美

國密西根州 (Michigan)，今天美國各州絕大多數都已採行此稅。在其他各國中採行零售稅者尚有加拿大、挪威、瑞典等國。

　　就課徵技術而言，零售稅係對零售性質的銷貨課稅，並不問該銷貨係零售商、製造商或批發商所銷售，換言之，所有商店皆須辦理登記，當商店銷貨予未登記之買受人——即最後消費者，或商店銷貨予登記商店作消耗用時皆應課稅。

　　在經濟效果上，零售稅因僅對最終零售階段課稅，故沒有轉手稅之重複課稅及稅上加稅現象；也無製造稅或批發稅會對產品因經過之產銷通路不同所造成之扭曲作用。而且零售稅之稅基是各銷售階段加值之總和，如欲徵到一定稅收，其稅率亦較製造稅或批發稅低，商人逃漏動機及民眾之反對也較少。因此，財政學者 John F. Due 及 Sijbren Cnossen 皆認為零售稅是最好的單階段銷售稅。

　　就稅基廣、稅率低、稅收彈性大及對資源配置扭曲少等幾項優點而言，加值稅與零售稅是完全一致的。從表 2-1 之例子中，吾人可以發現加值稅課稅之稅基是各交易階段之加值，而各階段加值之總和即等於零售價格，故二者稅基完全一樣。所不同者，加值稅係分散在各階段零碎的課稅，而零售稅則係集中在零售階段課稅而已。在加值稅下，各交易階段交付給前手的稅額（進項稅額）都將可扣抵，因此也皆無租稅負擔，營業人只扮演了類似代收稅款及代付稅款之角色，政府只在零售階段才真正收到稅收。故就經濟效果而言，加值稅與零售稅不分軒輊，不過零售稅適合作為地方稅，而加值稅則適合作為國稅，故即使採行零售稅之國家也有採行加值稅，或考慮改採加值稅者❸。

❸ 美國學者 N. N. Gordon 及 R. W. Lindholm 曾基於與 EEC 國家國境稅調整之理由，建議美國政府採行加值稅。請參見佐藤進著，陳攀雲譯，《現代稅制論》，財政部財稅人員訓練所，民國六十四年五月，第七三～七六頁。此外 1979 年，眾院預算委員會主席 Al Ullman 亦曾向該院提出以加值稅作為聯邦稅制之一部分。當時參院財政委員會主席 Russell B. Long 亦同時起草

不過由於零售稅係在零售階段課徵,因此一般國家如要採行零售稅,所面臨的最大問題乃出在零售商。如果零售商家數太多,規模太小,甚至零售交易大部分透過攤販,則課徵零售稅將相當困難。這個問題在經濟先進國家可能不甚嚴重,但在開發中國家將成為難以克服的阻力。例如我國零售階段絕大多數係小規模營利事業,不僅規模狹小(目前每月營業額平均在 20 萬元以下),且家數眾多,不僅如此,尚有許多流動攤販。這些都是採行零售稅的莫大阻力。歐洲共同市場財政委員會在 1963 年發布之「紐馬克報告」(Neumark Report) 認為就稽徵技術而言,加值稅較零售稅為優[14]。

此外,在採行稅額扣抵法下的加值稅,由於牽涉到進項稅額退還問題,而且稅基廣並富流動性,在實際操作上宜劃歸中央稅。而零售稅則無此問題,可劃歸省稅。故美國及加拿大之零售稅皆屬地方稅。至於中央則另外課製造稅(加拿大)或國產稅(美國)。

關鍵詞

- ◎ 受益原則　◎ 使用者付費　◎ 公共財　◎ 公害財　◎ 寓禁於徵
- ◎ 外部成本的內部化　◎ 中性原則　◎ 額外負擔　◎ 稅負衝擊
- ◎ 國產稅　◎ 稅上加稅　◎ 重複課稅　◎ 帳簿法　◎ 發票法

類似法案,後來被國會擱置。參見李彬山,〈美國租稅制度概述〉,《稅務旬刊》一一八〇期,民國七十三年七月十日出版,第十七頁。

[14] 同 [11], p. 2.

自我評量

1. 請問課徵選擇性銷售稅的目的有哪些?

2. 單階段銷售稅與多階段銷售稅各有何優、缺點,請比較之。

3. 請問轉手稅對經濟發展有何不良影響?

4. 理論上加值稅的計算有哪些方式?世界上採行加值稅國家多數採取的方式為何?

5. 採行零售稅面臨的最大問題為何?

第三章 本篇結語

　　銷售稅係課於銷售者之間接消費稅，與課徵於消費者之直接消費稅不同。理論上，銷售稅可就課徵階段及課徵對象劃分為十三種類型，但實際上採行較多者只有國產稅、製造稅、批發稅、零售稅、轉手稅及加值稅六種。

　　就課徵對象之多寡而言，選擇性銷售稅只對少數特定物品課徵，通常具有特定的政策目的。其在資源配置方面容易造成課稅物品與非課稅物品之間的扭曲作用；一般銷售稅則無此項缺失，符合租稅中性原則。

　　就課徵階段而言，單階段銷售稅的納稅人數較少，稽徵行政較方便，但須能確定課稅階段方可採行。至於多階段銷售稅則無須辨認課稅階段，而且租稅衝擊分散，納稅人的逃漏誘因較少。不過多階段銷售稅的課稅稅基必須慎重選擇，以免因稅基之重複，造成稅負之累積作用。

　　屬於選擇性銷售稅之國產稅因課稅範圍日益擴大，且大都在製造階段課徵，因此常易與屬於一般銷售稅之製造稅混淆，必須予以辨明。

　　轉手稅與加值稅同屬多階段課徵之銷售稅，但因其課稅稅基不同，結果在評價方面大異其趣。一般而言，轉手稅會造成重複課稅與稅上加稅，對經濟影響甚大，被認為是各種銷售稅型態中最不良的一種。然而因轉手稅的稅基廣，稅收充分，一旦政府採行，即不易放棄此一稅制。加值稅之發展正好提供了改革轉手稅的一個重要出路，其與轉手稅同屬多階段課徵，但因成本不課稅，故無轉手稅之稅負累積現象，具有租稅

中性之優點。且前採行加值稅及正在考慮改採加值稅的國家日益增多；反之，採行轉手稅的國家已所剩無幾。在可預見的未來，轉手稅勢將從世界稅制舞臺上消逝無蹤。

　　零售稅雖與加值稅不同，一屬單階段銷售稅，一屬多階段銷售稅，但二者之經濟效果並無軒輊，學者皆譽之為銷售稅中最佳者。不過在性質上，零售稅屬地方稅，而加值稅則屬中央稅。因此即使美國已採行零售稅，亦曾多次研究考慮採行加值稅作為聯邦之重要稅源❶。

　　以上各型態之銷售稅皆指內地稅而言，事實上就國際稅收統計之分類上，亦有將物品與勞務為課徵標的之稅目通稱為「物品與勞務稅」（Goods and Service Tax，簡稱 GST❶）者，在此一分類下，關稅、加值稅等皆屬於「物品與勞務稅」之範疇，因此乃將關稅納入本書第五篇，學子可視課程需要選擇閱讀。

---

❶　美國在 1980 年國會曾提出租稅改革方案，希望採行加值稅作為全國性銷售稅。此即 H. R. 7015 方案。

❶　請參見 OECD 出版之 *Revenue Statistics* 及 IMF 出版之 *Government Finance Statistics Yearbook*。

第2篇

營業稅制度與實務

第四章 營業稅法的沿革[1]

　　民國初期，我國營業稅之課徵，仍沿襲清末之釐金、牙稅、當稅、屠宰稅、鹽稅、酒稅，及新創立之菸酒特許牌照稅、特種營業稅與普通商業牌照稅。民國十七年七月，財政部召開全國裁釐委員會，擬定徵收營業稅大綱九條，於裁撤釐金後實施，以為抵補。民國二十年復將上述大綱加以修正並另訂補充辦法十三條，由部函報行政院核准後，通令各省擬具章則，訂定稅率程序各項，送立法院審議，立法院乃根據各種大綱辦法細則等，制定營業稅法十三條，於同年六月十三日公布施行。各省亦先後將所擬營業稅徵收章程報部核准，呈請行政院備案，我國一般營業稅於焉誕生。同時，並將各省原有之牙稅、當稅、屠宰稅等，依照原有稅率改課營業稅，故當時有普通營業稅、牙行營業稅、典當營業稅及屠宰營業稅等之分別。

　　我國營業稅法自民國二十年六月公布施行後，歷經十餘次之修正，其課徵方式，仍採多階段按營業總額課徵。在租稅理論上，按多階段營業總額課徵之營業稅，最大的問題係重複課稅及稅上加稅，貨物與勞務經過的交易次數愈多，此種不合理的情形就愈嚴重，有違租稅中性原則；此外，尚有下列缺失：①稅率結構複雜，干擾企業經營方式；②資本財須負擔營業稅，影響資本形成；③外銷稅款無法退清，不利本國產品對

---

❶　引自中國租稅研究會編印民國九十年版「中華民國稅務通鑑」之營業稅章。

外競爭；④進銷貨勾稽不易，滋生逃漏，均有待改進。有鑒於此，我國乃自民國七十五年改制實施以加值型營業稅為主，並以總額型營業稅為輔的新制營業稅。茲就新制營業稅實施以來之營業稅法歷次修正重點❷簡述如後：

(1)七十五年四月一日：改制為以加值型營業稅為主。

(2)七十七年七月一日：銷售與非營業人之發票記載方式由稅額外加修正為內含、申報期限以二個月為原則、農產品稅率降為 0.1%。

(3)八十二年八月一日：違章由法院裁罰改為由主管稽徵機關裁罰處分。

(4)八十四年三月一日：農產品對物免稅。

(5)八十四年九月一日：增列部分提存責任準備金及衍生性金融商品免稅、第五十一條漏稅處罰倍數由 5 倍至 20 倍修正為 1 倍至 10 倍。

(6)八十六年七月一日：降低第五十二條裁罰倍數為 1 倍至 10 倍。

(7)八十六年十二月一日：純金之金飾及飾金納入第八條免稅範圍。

(8)八十七年七月十日：增訂營業稅法第五十三條之一裁罰適用從新從輕原則。

(9)八十八年七月一日：金融業經營專屬本業部分之稅率由 5% 修正為 2%，指定該少繳納營業稅之用途，並將期貨納入金融業，短期票券業修正為票券業。

(10)九十年七月一日：增訂營業稅法第三條之一及第八條之一移轉信託財產不適用視為銷售之規定。

(11)九十一年一月一日❸：菸酒稅列入營業稅稅基。

(12)九十一年一月一日：修正稅法名稱❹、進口一律由海關代徵營業稅，

---

❷　詳細修正內容請參《中華民國稅務通鑑》，第七四二～七五二頁。以施行日期為排序列示。

❸　民國八十六年五月七日公布修正第十六、二十條，為配合加入世界貿易組織，自民國九十一年一月一日施行。

❹　「營業稅法」自民國九十一年一月一日起修正名稱為「加值型及非加值型營

並修正進口貨物稅基、金融業經營專屬本業部分自九十五年起免稅。

(13)九十二年七月一日：金融業將其由營業稅調降之稅負差額，作為沖銷逾期債權及提列備抵呆帳之用，於金融各業逾期放款比率低於1％時，停止適用。

(14)九十四年八月一日：自民國一百年起，銀行業營業稅稅款專撥存款保險賠款特別準備金，其餘金融業營業稅稅款撥入銀行業以外之金融業特別準備金。並刪除第八條之二有關金融業經營專屬本業部分自九十五年起免稅規定。

(15)九十五年五月一日：依法設立且農會、漁會、合作社。政府合計占70％以上股權之公司組織農產品批發市場，依法收取管理費免徵營業稅。

關鍵詞

◎ 加值型營業稅　◎ 總額型營業稅　◎ 稅上加稅　◎ 重複課稅
◎ 租稅中性原則

自我評量

1. 我國營業稅法始於何時公布施行？
2. 總額型營業稅具有何種缺失？
3. 我國於何時施行加值型營業稅？實施加值型營業稅的配套措施有哪些？
4. 加值型營業稅與總額型營業稅之主要差異有哪些？
5. 試舉出五項歷次我國營業稅法之主要變革。

業稅法」。本篇中將「加值型及非加值型營業稅法」簡稱為「營業稅法」，讀者引用時，請注意行為時適用之稅法名稱有別。

第五章　營業稅之課徵範圍

　　營業稅法第一條規定,在中華民國境內銷售貨物或勞務及進口貨物,均應課徵營業稅。從稅法條文分析, 我國營業稅的課徵範圍包括:

　(1)在中華民國境內銷售貨物。

　(2)在中華民國境內銷售勞務。

　(3)進口貨物。

　　我國的營業稅採屬地主義。凡是在我國境內發生交易行為的貨物或勞務, 以及進口貨物, 都要課徵營業稅。換言之, 營業稅課徵對象不限於我國營利事業, 只要在中華民國境內有銷售行為, 或進口貨物, 都應課徵營業稅。

第一節　銷售貨物之意義

　　所謂銷售貨物, 依營業稅法第三條第一項規定, 將貨物之所有權移轉與他人, 以取得代價者即屬之。營業稅為銷售稅之一種, 係就銷售行為課稅, 而所謂銷售行為, 實與民法關於「買賣」之意義相近。按民法第三百四十五條關於買賣之定義, 係指一方以財產權移轉於他方, 他方支付價金之行為, 惟民法稱財產權移轉涵蓋廣義的債權與物權等; 營業稅法對於貨物的涵義, 並未明定, 但由相關條文之意旨可探知, 貨物係指有形的動產或不動產, 故僅以物權為限。

　　至於債權，因銷售貨物或勞務而取得的應收帳款債權，如向債務人要求返還而收取帳款，或將該應收帳款債權移轉與他人，均非課稅範圍，免徵營業稅❺，但經營應收帳款收買業務之營業人，向債權人收買並轉向債務人求償，而收取費用或賺取價差者，則屬於銷售勞務的性質。

　　「取得代價」的意涵，參照民法第三百九十八條準用買賣之規定，並不以價金為限，包括以貨物或勞務與他人交換貨物或勞務❻，例如建設公司出資與地主合建分屋，雙方互易房地即屬之❼。因此，所稱銷售貨物之代價，應包括金錢交易與物物交換在內。

第二節　銷售勞務之意義

　　營業稅法第三條第二項規定，銷售勞務係提供勞務予他人，或提供貨物與他人使用、收益，以取得代價者。而「勞務」係指貨物以外得為交易之標的。分別敘述如下：

一、提供勞務予他人

　　提供修理、設計、運送、技術、權利等服務，包括室內裝潢設計、軟體、轉讓紡織品配額❽、專利權及商標權等無體財產權，均屬之。但個人受僱於事業組織，收取薪資報酬，及醫師、律師、建築師、會計師、技師、藥師、助產士、著作人、經紀人、代書人、稅務代理人、表演人、引水人及其他以技藝自力營生之執行業務者，提供專業性勞務，雖然都屬於銷售勞務的性質，但因已分別就其薪資所得及執行業務所得課徵綜合所得稅，為避免重複課稅，而未將其納入課徵營業稅的範圍。

---

❺　財政部 85.5.2 台財稅第 851905499 號函。

❻　營業稅法施行細則第十八條規定。

❼　財政部 84.1.14 台財稅第 841601114 號函。

❽　財政部 64.7.12 台財稅第 35024 號函。

二、提供貨物與他人使用、收益等

出租財產收取租金，如出租房屋或機器設備之租金、保管箱租金、大樓停車場對外營業收費❾、公司建停車場供員工使用並收取費用❿，均屬之。

三、取得代價的性質

營業人自提供勞務之對象取得相當之對價或報償，係屬銷售勞務行為。例如營業人從事新產品研究開發領取政府補助款，研究成果並未移轉與提供補助款的政府機關，此乃政府政策獎勵提升我國企業的技術水準，並無對價關係，故該補助款非因銷售貨物或勞務而取得，非屬營業稅課稅範圍；如研究成果歸屬政府所有，則該補助款屬銷售研究勞務取得之代價⓫。

提供勞務所取得之代價比照銷售貨物亦不以價金為限，應包括以勞務與他人交換貨物或勞務之行為；如出租土地，承租人以出租人名義於該承租地建設房屋，並約定於租賃期間由承租人無償使用，即屬交換性質，仍應依法報繳營業稅⓬。此外，高爾夫球場向會員收取之保證金，如約定於會員退會時無條件退還者⓭，則非屬銷售勞務。又寺廟、宗祠提供納骨塔供人安置骨灰神位⓮或承辦信徒宴請弔喪親友菜齋⓯，如未

---

❾　財政部 76.8.7 台財稅第 760071994 號函。

❿　財政部賦稅署 79.11.14 台稅二發第 790706080 號函。

⓫　財政部 75.11.26 台財稅第 7528216 號、81.4.30 台財稅第 811664261 號函、81.8.11 台財稅第 810322314 號函。

⓬　財政部 85.12.11 台財稅第 851928804 號函。

⓭　財政部 76.2.10 台財稅第 7519771 號函。

⓮　財政部 78.5.8 台財稅第 780630493 號函。

⓯　財政部 78.6.6 台財稅第 780649615 號函。

訂有一定收費標準，而由存放人、信徒隨喜布施者，亦非屬銷售勞務。

第三節　進口貨物之意義

　　將進口貨物列為課稅範圍的理由是，在國內消費之貨物應課徵加值型營業稅，而從國外進口之貨物，亦必須予以課稅，俾使國產貨物與進口貨物稅負相同❶❻。所稱「進口」，係指貨物自國外進入我國境內，並向海關辦理報關提貨為準。至於國際貿易間之轉口，則不在營業稅法進口課稅範圍，但如貨物係私運進口而經緝獲拍賣，雖未辦理報關，仍應在拍賣時由海關向買受人徵收營業稅。另政府為吸引僑外投資促進對外貿易，有關法律規定進入加工出口區之區內事業❶❼、科學工業園區內之園區事業、保稅工廠或保稅倉庫之貨物，均准予免課關稅或減免其他稅捐，是故營業稅亦不視為「進口」，以簡化徵納雙方之手續。但貨物如自以上事業、工廠或倉庫進入國內其他地區者，當依進口辦理，俾使自以上事業、工廠或倉庫進入國內課稅區域之貨物，與自國外進入國內課稅區域，或國內自行產製之貨物，稅負得以相同。

　　營業稅法第五條規定貨物有以下情形之一者，為「進口」：

---

❶❻　營業稅改制為加值型初期，為顧慮營業人進口貨物在未銷售前即需納稅，將增加其資金積壓，乃於營業稅法第四十一條第二項規定按第四章第一節課稅之營業人進口供營業用之貨物，除乘人小汽車外，於進口時免徵營業稅，俟其在國內銷售時再行課徵，但對非營業人之事業、機關、團體、組織或個人，及按營業總額課稅之營業人，以及專營免稅貨物之營業人，其進口貨物一律於進口時由海關代徵營業稅，屬於兼營免稅貨物或勞務者，其進口貨物應徵之營業稅由財政部另訂課徵比例及報繳辦法公布實施。惟九十一年一月一日起刪除該項規定，爾後，進口貨物，除合於營業稅法第九條及財政部規定之免稅貨物外，一律於進口時由海關代徵營業稅。

❶❼　依加工出口區設置管理條例第三條規定，免稅出口區之外銷事業現改稱加工出口區之區內事業。

1. 貨物自國外進入中華民國境內者

　　但進入政府核定之加工出口區之區內事業、科學工業園區內之園區事業及海關管理之保稅工廠或保稅倉庫者，不包括在內。

2. 貨物自前述之事業、工廠或倉庫進入中華民國境內之其他地區者

　　前開所稱加工出口區之區內事業、科學園區內之園區事業，須依「加工出口區設置管理條例」、「科學工業園區設置管理條例」規定設立，而保稅工廠及保稅倉庫則依「海關管理保稅工廠辦法」及「保稅倉庫設立及管理辦法」設立，並經海關登記核准者[18]。

　　經營保稅貨物倉儲、轉運及配送業務之保稅場所，得向海關申請登記為物流中心[19]。貨物進入物流中心比照上開免稅區之規定[20]，非屬進口。

第四節　　在中華民國境內銷售之意義

　　營業稅法於第一條即開宗明義規定，「在中華民國境內」銷售貨物或勞務，為營業稅課徵範圍，亦即我國營業稅課徵採屬地主義，以銷售地、提供地或使用地作為課徵我國營業稅之基準。有關「在中華民國境內」的定義，在同法第四條已有明確規定如下：

一、銷售貨物

1. 銷售貨物之交付須移運者，其起運地在中華民國境內

　　銷售貨物之交付必須移運者，其起運地、目的地均在中華民國境內，自為在中華民國境內銷售貨物；例如銷售貨物從臺北運交美國洛杉磯的

---

[18]　營業稅法施行細則第七條。

[19]　關稅法第六十條、物流中心貨物通關辦法第三條。

[20]　財政部 90.11.12 台財稅字第 0900456959 號函、91.3.8 台財稅字第 0910451111 號函。

買主，起運地在中華民國境內，目的地在中華民國境外，係屬在中華民國境內銷售貨物，但為外銷貨物性質，基於政策獎勵得適用零稅率。反之，如貨物由日本運送至高雄，起運地在中華民國境外，目的地在中華民國境內，則應依進口貨物課稅；至於起運地、目的地均在中華民國境外，則非在中華民國境內銷售貨物，即不屬營業稅課徵範圍。例如：營業人經營三角貿易，因銷售之貨物，其起運地非在中華民國境內，國外第三國供應商交付之貨物，亦未進入中華民國境內，無報關提貨憑證，非屬營業稅法所稱在中華民國境內銷售貨物或進口貨物，應按收付之間的差額認屬佣金或手續費收入（銷售勞務），課徵營業稅；惟如營業人與國外供應商及國外客戶分別簽訂買賣合約，貨款係按進銷貨全額匯出或匯入，列帳方式得按進銷貨處理，此交易型態因起運地及交付地均非在中華民國境內，自非屬我國營業稅課稅範圍❷。

2.銷售貨物之交付無須移運者，其所在地在中華民國境內

銷售貨物之交付不須移運者，例如銷售房屋、土地等不動產，以貨物所在地在中華民國境內，即應認屬在中華民國境內銷售。因此，如國內營業人將其投資國外之不動產轉售予他人，收取代價，則非屬我國營業稅課稅範圍。

二、銷售勞務

銷售之勞務在中華民國境內提供或使用者屬之。勞務係無形財貨，與貨物不同，無從依「起運地」或「所在地」等認定其銷售地。外國法例以「勞務提供地」為勞務銷售地，蓋勞務之提供，為銷售勞務之客觀事實。惟若干情形下，勞務之提供地可任由銷售人安排（例如設計繪圖）或不易認定（例如無形權利之提供），因此，我國乃兼採「使用地」原則，

❷　財政部 79.11.19 台財稅第 790343956 號函、88.8.5 台財稅第 881933421 號函。

俾資有客觀的認定標準。故銷售勞務之提供地或使用地，其中之一在我國境內者，即屬「在我國境內銷售勞務」，而對其課徵營業稅。

　茲就銷售勞務之情形，分別舉例如下：

1.銷售之勞務在我國境內提供，屬於我國課稅範圍

⑴我國境內營業人在我國提供各種勞務。

⑵外國營造廠在我國境內承建工程。

⑶外國工程公司派遣人員來臺，為我國廠商辦理工程設計、監工等工作。

⑷外國營業人派遣技術人員來臺，為我國廠商辦理機器安裝、試車、修理等工作。

⑸我國廠商將其飛機或輪船租與外商在境外使用❷。

⑹營業人代理外國國際運輸事業在國內售票，簽發、銷售客運機票，提供之勞務係在國內發生，所取得之佣金收入❸。

2.銷售之勞務非在我國境內提供，但在我國境內使用，屬於我國課稅範圍

⑴國外營業人將技術配方、商業資訊、軟體、商標權、專利權、特許權等，提供我國境內客戶使用。

⑵國外技術設計公司接受我國客戶委託，在國外代為辦理各種建築、機器、船舶等之設計繪圖，將設計圖交付我國境內客戶使用。

⑶國外營業人將機器設備租予我國客戶在我國境內使用。

3.銷售之勞務非在我國境內提供且非在我國境內使用，非屬於我國課稅範圍

⑴代理國外售票公司在臺預售國外劇場、演唱會入場券所收取之票價❹。

---

❷　財政部 77.9.17 台財稅第 770661420 號函。

❸　財政部 77.11.18 台財稅第 770592704 號函。

❹　財政部 79.11.22 台財稅第 790296672 號函。

(2)旅行社收取國外及大陸旅行團之團費，其屬於在國外及大陸地區發生之機票款、交通、食宿等費用❷。

三、國際運輸

基於國際慣例，各國針對國際運輸事業自該國載運客、貨出境始予課徵營業稅，我國亦比照適用，也就是對國際運輸事業從中華民國境內載運客、貨出境，收取客票收入、出口運費等，才課徵營業稅。至於載運客、貨入境的進口運費，或收取境外兩地間之運費，則非屬我國營業稅之課稅範圍。進口運費既非屬營業稅課稅範圍，是故實務上常見營業人收取進口運費，均使用收據，而未開立統一發票。

四、外國保險業自中華民國境內保險業者承保再保險者

外國保險業承保我國境內保險業所承擔之風險，亦即我國保險業使用其提供之保險服務，藉以分擔風險，係屬在中華民國境內銷售勞務，故其自中華民國保險業者所取得之再保險收入，應予課徵營業稅。

第五節　視為銷售

營業稅法第三條除規定前開有取得相對代價之銷售行為外，另基於租稅公平之原則及稅務行政處理之便利，將下列無償移轉予他人及營業人自用等行為，雖未取得代價，以法律擬制為銷售行為，於該法條第三項及第四項規定「視為銷售」，準用銷售貨物及勞務之相關規定。

1. **營業人以其產製、進口、購買供銷售之貨物，轉供營業人自用；或以其產製、進口、購買之貨物，無償移轉他人所有者**

   例如冷氣製造商將自己的冷氣產品裝置於營業場所自用或贈送與員

---

❷　財政部 82.5.17 台財稅第 821485398 號函。

工、將廠房無償出借予他人使用❷⑥、職棒聯盟發送給學生之免費參觀券❷⑦，均應按視為銷售課徵營業稅。

「自我銷售」應視為銷售的意旨，在於加值型營業稅係以一定期間之銷項稅額減進項稅額後之餘額為應納稅額或溢付稅額，並非按每筆貨物之進銷差額核計，因而營業人購進供銷售用之貨物或勞務，除依營業稅法第十九條規定不得扣抵者外，其進項稅額原則上均已列入抵減，為正確計算銷售其他貨物或勞務之加值，自我銷售部分應視為銷售，如未視為銷售，將使其加值額較其他未轉供自用者為低，不符合公平原則；其次，營業稅為消費稅性質，消費者要負擔營業稅，如將購進、生產之貨物或勞務，轉供本身消費使用，本身乃為最終消費者，應如同向其他營業人購買之情形一般，負擔相同之稅負；否則其進項稅額既已申報扣抵，如不依銷售貨物或勞務處理，即相當於適用零稅率，將破壞稅制之公平性，故「自我銷售」應按「時價」❷⑧視為銷售開立統一發票，課徵營業稅。

營業人如將購進供銷售之貨物無償移轉他人所有，亦即將貨物贈送予他人時，其無償贈與雖屬雙方私法上之行為，但不應因此一行為而規避租稅之負擔，亦即不能將政府應徵收之稅捐一併贈送，否則將產生難以遏阻之流弊；再者，無償贈與他人之貨物或勞務，受贈者亦終將消費，其應負擔之營業稅，自應由贈與人代為支付。因而將「無償移轉他人所有」亦列為「視為銷售」，應開立統一發票及繳納營業稅。

2.營業人解散或廢止營業時所餘存之貨物，或將貨物抵償債務、分配與股東或出資人者

營業人解散或廢止營業後，其餘存之貨物已不再銷售；該等餘存貨

---

❷⑥　財政部 75.11.10 台財稅第 7528161 號函。

❷⑦　財政部 83.9.15 台財稅第 831610281 號函。

❷⑧　營業稅法施行細則第二十五條規定，時價係指當地同時期該種貨物或勞務之市場價格。

物在原來購進時所支付之營業稅，已依法申報在銷項稅額中扣抵，故應予視為銷售，以追回其已扣抵之營業稅。如將餘存貨物抵償債務或分配股東或出資人時，即為貨物所有權之移轉，此時債權人、股東或出資人，雖未以現金支付代價，但營業人以貨物直接抵償債務，與銷售貨物後再以所得價款償還債務相同，而將貨物分配股東或出資人，股東或出資人取得貨物如同是盈餘之分配，而且股東或出資人收到該等貨物亦終將銷售或消費，故公司將貨物或資產分配給股東或出資人，應視為銷售行為，繳納營業稅。

3.營業人以自己名義代為購買貨物交付與委託人；委託他人代銷貨物；或銷售代銷貨物者

在代銷之情形，代銷人於銷貨時，如以自己名義開立發票交予買受人，委託人於送貨時，亦僅開立委託書據，未開立發票，此種處理方式，必形成代銷人無進項憑證，即無須支付進項稅額，委託人無銷項憑證，即無須收取銷項稅額之不合理情形；代購情形，亦復類似。故參照外國法例規定，營業人代他人購買貨物交付予委託人者，應按實際購買貨物之價格，視為銷售貨物開立統一發票予委託人。營業人委託其他營業人代銷貨物而交付貨物與代銷人者，亦按委託代銷合約所約定之代銷貨物價格，視為銷售貨物開立統一發票予代銷人，而代銷人在銷售代銷貨物時，亦應按代銷合約所約定之代銷貨物價格，視為銷售貨物開立統一發票予買受人，以配合加值型營業稅制稅額相減法之操作。依視為銷售之方式，代購人與代銷人移轉貨物而產生之進項稅額與銷項稅額互相抵消，實際上並未增加租稅負擔。但其收取佣金或手續費之收入，應分別開立統一發票交予委託人，依規定申報繳納營業稅。

第六節　　免視為銷售

如前一節中所述，視為銷售具有多重的立法理由，然而租稅的課徵

效果如僅徒增程序的繁瑣而不具實益時，在簡政便民的原則下，自有其例外之規定，分述如下：

1.隨貨贈送之贈品、抽獎活動之獎品、免費換修零件、售後服務等❷

　　營業人以其產製、進口、購買之貨物無償移轉他人，依營業稅法第三條第三項第一款後段規定，應視為銷售開立統一發票，該無償贈與他人開立給自己的統一發票扣抵聯，如非屬於營業稅法第十九條規定不得扣抵之憑證，則可申報扣抵，在這種情形下，為簡化作業，得免視為銷售。例如供本業及附屬業務使用之贈送樣品、辦理抽獎贈送獎品、銷貨附送贈品、及依合約規定售後服務免費換修零件者，所贈送之物品及免費換修之零件，除應設帳記載，將該等存貨轉列為業務推廣費外，可免視為銷售並免開立統一發票。

2.供本業或附屬業務使用之固定資產

　　營業人以其產製、進口、購買供銷售之貨物，轉供營業人自用，依營業稅法第三條第三項第一款前段規定，應視為銷售開立統一發票，其發票抬頭買受人為營業人自己本身，該貨物轉供本身使用之用途，如係供營業用，則非屬營業稅法第十九條規定不得扣抵之範圍，即可以申報扣抵，其自我銷售之銷項稅額同時亦為其進項稅額，扣抵後之結果並無租稅負擔，故為簡化作業，得免視為銷售並免開立統一發票，但應設帳記載❸。例如公司將自己生產之冷氣設備裝置於自己的工廠使用，必須將存貨之銷貨成本轉列為固定資產。惟如供員工宿舍使用或營業人兼營應稅與免稅、特種計稅之貨物或勞務時，因其進項稅額不得扣抵或僅按比例扣抵，如按視為銷售與免視為銷售處理，將產生不同的租稅負擔，此種情形則必須按視為銷售處理。

3.營業人以其產製、進口、購買之貨物無償移轉時❸

❷　財政部75.12.29 台財稅第 7523583 號函。

❸　財政部79.2.6 台財稅第 790623924 號函。

❸　財政部76.7.22 台財稅第 761112325 號函。

(1)營業人為酬勞員工、交際應酬或捐贈而購買之貨物，於購入時已決定供作酬勞員工、交際應酬或捐贈使用，並以各該有關科目列帳，其購入該項貨物所支付之進項稅額，亦已依照營業稅法規定，除合於同法第十九條第一項第二款但書規定，為協助國防建設、慰勞軍隊及對政府捐獻者外，均依照不得扣抵銷項稅額之規定未申報扣抵者，則其於無償移轉時可免視為銷售貨物並免開立統一發票，以資簡化。

(2)營業人以其產製、進口、購買之貨物，係以進貨或有關損費科目列帳，其購買時所支付之進項稅額並已申報扣抵銷項稅額，則於轉作酬勞員工、交際應酬或捐贈使用時，應依營業稅法第三條第三項視為銷售貨物之規定，按時價開立統一發票。該等自行開立之統一發票扣抵聯所載明之稅額，除屬同法第十九條第一項第二款但書規定係為協助國防建設、慰勞軍隊及對政府捐獻依法可予扣抵者外，其餘均不得申報扣抵銷項稅額。

4.信託財產之移轉

　　營業人以其銷售之貨物轉供自用、無償移轉他人所有或委託他人代銷貨物等行為者，均視為銷售貨物應課徵營業稅，惟信託係一種為他人或自身利益而建立的財產管理制度，信託行為一經成立，委託人即應將信託財產移轉予受託人，當信託行為發生無效或信託關係消滅時，受託人應將信託財產返還委託人，類此信託關係人間財產之無償移轉，緣自信託運作之結果；另信託關係存續中受託人變更時，原受託人與新受託人間移轉或處分信託財產，亦為形式移轉之一種，均不應課以營業稅。是故，信託財產於下列各款信託關係人間移轉或為其他處分者，不適用有關視為銷售之規定：

(1)因信託行為成立，委託人與受託人間。

(2)信託關係存續中受託人變更時，原受託人與新受託人間。

(3)因信託行為不成立、無效、解除、撤銷或信託關係消滅時，委託人與受託人間。

第七節　課稅範圍之例外

1.執行業務者提供專業性勞務

　　執行業務者係指律師、會計師、建築師、技師、醫師、藥師、助產士、著作人、經紀人、代書人、稅務代理人、表演人、引水人及其他以技藝自力營生者屬之。按以上執行業務者之醫師、藥師、助產士等提供醫療勞務，如課徵營業稅，將加重國民醫療費用負擔。而律師、會計師、建築師、技師等，其提供服務之對象，如為營業人，課徵營業稅乃為營業人之進項，次期即可扣抵；如為一般個人，則因稅源難以掌握，稽徵必然困難；且執行業務者，多係個人以其專業知識提供服務，如予課徵營業稅，將涉及營業登記、會計帳務、進項扣抵等種種須待克服之困難，而該等專門職業均已就其執行業務所得課徵綜合所得稅，為避免重複課稅，乃針對執行業務者提供專業性勞務，不課徵營業稅。如藥局專營藥品調劑及供應業務❸❷或依處方箋調劑藥品向健保局領取之調劑費及藥品費❸❸、指壓刮痧收驚等提供之專業勞務❸❹者屬之。除專業性勞務外，執行業務者如有銷售貨物或勞務，例如眼科診所銷售眼鏡❸❺及獸醫經營犬美容、犬旅社業務❸❻，則應課徵營業稅。

2.個人受僱提供之勞務報酬

　　個人受僱提供勞務而支領報酬者，係屬薪資給付性質，亦已就薪資所得課徵綜合所得稅，不再課徵營業稅。如將公司之員工借供其他公司運用，由借用人支薪與借調人員❸❼非屬營業稅課稅範圍，故出借人免開

---

❸❷　財政部 84.3.22 台財稅第 841608399 號函。
❸❸　財政部 87.6.18 台財稅第 871947546 號函。
❸❹　財政部 84.7.12 台財稅第 841634845 號函。
❸❺　財政部 78.7.14 台財稅第 780216832 號函。
❸❻　財政部 84.4.12 台財稅第 841615409 號函。

立統一發票並免徵營業稅。

3.非金融業之利息收入❸

利息收入為金融業經營資金貸放業務而取得之價金，自應列入其銷售額，課徵營業稅。至非金融業之營業人因同業往來或財務調度而取得之利息收入，非屬營業行為而得，應免開立統一發票，並免徵營業稅❸。

4.以單位預算方式編列（即收支並列）之政府機關

政府機關如有銷售貨物或勞務，均應課徵營業稅，但政府機關之收入如以單位預算方式編列，收入全數解繳公庫，如仍對其銷售收入課徵稅捐，再繳入國庫，僅是政府機關間收入科目的轉列，徒增行政程序，爰予免徵營業稅。例如行政院農業委員會林務局，以及所屬林區管理處標售林班林木及處分殘材等收入列入林務局之單位預算，免徵營業稅❹；惟如列入基金預算或附屬單位預算者，該預算收入未全數繳庫，而僅就盈餘繳庫者，仍應依法課徵營業稅。

5.賠償款❹

營業人非因銷售貨物或勞務而取得賠償款收入，非屬營業稅課徵範圍，例如甲公司之房屋因鄰近工程施工造成損害，其自工程承攬廠商取得之賠償款收入，不課徵營業稅；又交易關係中，銷售之一方銷售貨物或勞務而向買方取得的收入，如逾期付款利息、違約金等，除屬於代收代付款項或無條件返還之保證金外，均屬其銷售額，而買受之一方向銷售之一方收取的款項，則非屬銷售額，應列屬賠償收入，不課徵營業稅。

6.虛設行號販售發票

營業人無銷貨事實出售統一發票牟取不法利益，該等虛設行號既無

---

❸　財政部賦稅署 75.7.12 台稅二發第 7523936 號函。

❸　財政部 75.7.3 台財稅第 7557458 號函。

❸　財政部 78.6.29 台財稅第 780654181 號函。

❹　財政部 79.4.25 台財稅第 780450746 號函。

❹　財政部 75.7.2 台財稅第 7554314 號函。

進銷貨之事實，其虛開之統一發票所載銷售額，非屬營業稅課徵標的 ❷。

關鍵詞

◎ 銷售貨物　◎ 銷售勞務　◎ 進口貨物　◎ 在中華民國境內
◎ 視為銷售

自我評量

1. 試申述我國營業稅之課稅範圍。

2. 何謂銷售貨物？何謂在中華民國境內銷售貨物？試舉例說明。

3. 何謂銷售勞務？何謂在中華民國境內銷售勞務？試就勞務之提供地與使用地及國際運輸分述之。

4. 根據我國營業稅法規定，何種情形稱為進口貨物？何以進口貨物應課徵營業稅？

5. 我國營業稅法規定何種情形必須視為銷售？其理由為何？視為銷售時應如何開立憑證？

6. 何種情形得免視為銷售？其理由又為何？試舉例說明營業人免視為銷售時應如何列帳。

7. 何種情形雖屬於在中華民國境內銷售貨物或勞務，但不課徵營業稅？試舉例說明。

---

❷　財政部 78.8.3 台財稅第 780195193 號函。

第六章　營業稅之納稅主體

第一節　納稅義務人

營業稅的納稅義務人分為下列三種：

一、銷售貨物或勞務之營業人

營業稅為消費稅，消費者雖為租稅之最終負擔者，惟為簡化稽徵，乃規定以銷售人為納稅義務人，由營業人於銷售貨物或勞務時，依法向買受人收取，再責由銷售人負納稅義務。

二、進口貨物之收貨人或持有人

在加值型營業稅制度下，買受人購買貨物之來源，不論自國外進口或向國內營業人進貨，都應負擔相同的稅負，以符合租稅的中性原則、一致性原則，而進口貨物應課徵之營業稅係委託海關代徵，爰參照關稅法第六條規定，以進口應稅貨物之收貨人或持有人為納稅義務人。

三、購買國外勞務之買受人，及外國國際運輸事業之代理人

外國事業、機關、團體、組織銷售勞務與國內買受人，如其在中華民國境內無固定營業場所，意即未在中華民國境內辦理營業登記，報繳

營業稅者，應由勞務之買受人負納稅義務。

外國國際運輸事業在中華民國境內無固定營業場所而有銷售勞務者，意指外國之船公司自臺灣攬貨承載貨物出境，如責由所有託運人一一報繳營業稅，將增加納稅之依從成本，為簡化稽徵程序，得指定代理人負納稅義務，由代理人申報繳納營業稅。

第二節　營業人之意義

營業稅法第六條規定之營業人，係指「以營利為目的之公營、私營或公私合營之事業」、「非以營利為目的之事業、機關、團體、組織，有銷售貨物或勞務者」及「外國之事業、機關、團體、組織，在中華民國境內之固定營業場所」。

一、銷售主體非以營利目的為限

凡於中華民國境內有銷售行為者，即為稅法概括之營業人，為求公允，不問其是以營利為目的的營利事業，或非以營利為目的的非營利組織，凡有銷售貨物或勞務的財團法人、社團法人、慈善救濟事業、公益團體及政府機關等，均屬之。

二、以具有營業行為考量

營業稅屬銷售稅性質，係針對營業行為課稅，我國的營業稅是以在中華民國境內銷售貨物或勞務為課稅範圍,而不問銷售主體之銷售目的，因此，教育、文化、公益、慈善團體、政府機關等非營利組織，及在我國設有固定營業場所之外國事業、機關、團體、組織，只要有銷售貨物或提供勞務而收取代價之營業行為，如租金收入、講習費收入、研習會收入、出版品收入、專題研究收入、提供服務而收取之補助款收入等，均應課徵營業稅。

宗教團體對信徒收取之菜齋、納骨塔、牌位、光明燈收入等，係基於宗教之習俗，且信眾非必為等額之對價，為尊重個人宗教信仰，如未定有收費標準者，則非屬營業行為❸。

第三節　營業代理人與代理人

營業稅法第二條第三款規定之代理人，僅侷限於外國國際運輸事業在臺並無固定營業場所者，得由代理人負納稅義務。實務上常見某國外廠牌貨物在臺總代理、總經銷，該總代理係屬所得稅法第十條規定之營業代理人，然與營業稅法規定之代理人有別，其代理銷售貨物，應依營業稅法第三條第三項規定之代銷方式處理。

一、所得稅法規定之營業代理人

⑴營業代理人，係指合於下列任一條件之代理人：
　①除代理採購事務外，並有權經常代表其所代理之事業接洽業務，並簽訂契約者。
　②經常儲備屬於其所代理之事業之產品，並代表其所代理之事業將此項貨品交付與他人者。
　③經常為其所代理之事業接受訂貨者。
⑵營利事業之總機構在中華民國境外，其在中華民國境內之固定營業場所或營業代理人，應單獨設立帳簿，並計算其營利事業所得額課稅❹。
⑶在中華民國境內無固定營業場所，而有營業代理人之營利事業，其營利事業所得稅應由其營業代理人負責，依所得稅法規定向該管稽

---

❸　財政部78.5.8台財稅第780630493號函、78.6.6台財稅第780649615號函、86.4.3台財稅第861891569號函。
❹　所得稅法第四十一條規定。

徵機關申報納稅❹。

(4)在中華民國境內未設分支機構而有營業代理人者，應由營業代理人
負責扣繳❹。

二、營業稅法規定之代理人

(1)外國國際運輸事業，在中華民國境內無固定營業場所而有代理人者，
其代理人為納稅義務人❹。

(2)外國國際運輸事業，在中華民國境內銷售勞務，無固定營業場所而
有代理人，其代理人應於載運客、貨出境之次期開始十五日內，就
銷售額按營業稅法第十條規定稅率，計算營業稅額，並依同法第三
十五條規定，申報繳納營業稅❹。

由以上說明可知，所得稅法之營業代理人不限業別，代理對象不限
國內或國外，且代理項目可僅為代理銷售或代理採購，亦可含括代理銷
售兼採購。其憑證之取得與開立應依營業稅法第三條第三項及第四項有
關代銷或代購之規定辦理。至於代理外國廠牌貨物之營業代理人，應就
其代理業務分別設帳，以利歸課該外國廠商之中華民國來源所得。

營業稅法之代理人僅限外國國際運輸事業，且在中華民國境內無固
定營業場所者，始得指定代理人，其他行業不適用之。除代理銷售外，
其在我國境內由代理人代為支付之進項稅額，得由代理人申報扣抵❹。
對於在中華民國境內設有固定營業場所之各種外國營利事業，均不適用
代理人之規定。

---

❹ 所得稅法第七十三條規定。
❹ 所得稅法第九十八條之一規定。
❹ 營業稅法第二條規定。
❹ 營業稅法第三十六條規定。
❹ 修正營業稅法實施注意事項四、㈠2規定。

關鍵詞

⊙ 納稅義務人　⊙ 營業人　⊙ 收貨人　⊙ 持有人　⊙ 買受人
⊙ 營業代理人　⊙ 代理人

自我評量

1. 我國營業稅之納稅義務人有哪幾種?

2. 何謂營業人?公益性社團如有銷售貨物是否一律得免課徵營業稅?

3. 營業稅法第二條規定的代理人與所得稅法第十條規定之營業代理人有何區別?

4. 在何種情形下購買國外勞務得由外國營利事業之在臺代理人報繳營業稅?

5. 營業稅既屬消費稅性質，何以不由消費者負納稅義務?

第七章　營業稅的減免

零稅率、免稅之意義與差別

　　營業稅之減免分為零稅率及免稅。所謂零稅率，是指銷售貨物或勞務所適用之稅率為零，其購入貨物或勞務的進項稅額可申報扣抵銷項稅額，如有溢付稅額，在零稅率銷售額依徵收率計算之限額內，可由稽徵機關查明後退還，完全無營業稅之負擔，故又可稱完全免稅。

　　世界實施加值型營業稅國家立法適用零稅率，多以外銷貨物或勞務為限，以降低國產品之成本，並增加國產貨物及勞務在國際市場上之競爭力，促進對外貿易。我國為海島型經濟國家，資源有限，發展經濟必須仰賴對外貿易，為鼓勵本國產品外銷賺取外匯，乃對外銷貨物或勞務，及類似外銷之交易，給予適用零稅率的優惠。例如一外銷廠商向供應商進貨之成本為 80 萬元，進項稅額 4 萬元，貨物外銷價格為 100 萬元，適用零稅率，則該廠商可獲退稅額為 4 萬元，亦即其前手各階段已繳納之加值稅，可全數退還予外銷的廠商，亦即該貨物可完全免除營業稅之負擔，計算式如下：

$$100 \text{ 萬元} \times 0\% = 0 \text{ 元} \quad \text{………} \quad \text{銷項稅額}$$
$$80 \text{ 萬元} \times 5\% = 4 \text{ 萬元} \quad \text{………} \quad \text{進項稅額}$$
$$0 \text{ 元} - 4 \text{ 萬元} = -4 \text{ 萬元} \quad \text{………} \quad \text{應退稅額}$$

　　所謂免稅，是指銷售貨物或勞務免徵營業稅，其進項稅額不得申報扣抵或退還，侷限於該銷售階段免稅，故又稱部分免稅。例如醫院提供之醫療勞務免徵營業稅，但其向藥廠購買藥品、醫療器材時所支付之進項稅額，不得申請退還或留抵。

　　免稅可分為對物免稅及對人免稅，對物免稅係指無論銷售人之身分為何，銷售該種免稅貨物或勞務均予免稅；對人免稅係指限於特定身分所銷售之貨物或勞務始可免稅，其他身分銷售該種貨物或勞務，則不適用免稅之規定。例如農民及超級市場銷售新鮮蔬果均可免徵營業稅；依法組織之慈善救濟事業標售或義賣之貨物免徵營業稅，但買受之營業人銷售其向慈善救濟事業所購進之貨物時，則無免稅之適用。

　　按營利事業正常情形下，營業收入必大於成本與費用，營業人銷售貨物或勞務，如適用零稅率時，其零稅率銷售額 5% 之退稅限額，應大於進項稅額，則其得扣抵之進項稅額將成為溢付稅額，均可退還，亦即進項與銷項均免除營業稅之負擔；而適用免稅者，其銷售貨物或勞務雖如同零稅率，毋須向買受人收取營業稅，但其進項稅額則完全不得申報扣抵或退還，亦即該營業人仍應負擔進項營業稅額。

　　銷售貨物或勞務符合營業稅法第八條規定者免徵營業稅，而進口貨物符合同法第九條規定亦免徵營業稅。除金條、金塊、金片、金幣、金飾於進口及銷售時均免徵營業稅外，其餘銷售時免徵營業稅之貨物，非必於進口時亦免徵營業稅。例如銷售生鮮水果免徵營業稅，但進口國外生鮮水果仍應課徵營業稅。

第二節　追補效果

　　在加值型營業稅制度下，買受人所負擔的稅負，為銷售額按規定稅率計算而得之銷項稅額。如果某一應稅貨物從生產製造、批發到零售各階段中，一交易階段少繳納的營業稅，將在下一階段銷售時追回，此乃

產生追補效果 (Catching Effect)。

假設農民銷售其自行生產之生鮮農產品適用免稅，其他營業人銷售生鮮農產品不適用免稅，則向農民進貨的超級市場業者雖毋須支付進項稅額，但其銷售該農產品將按規定稅率向消費者收取銷項稅額，亦即生產階段農民雖適用免稅，但超級市場不適用免稅結果，其銷項稅額因無進項稅額可資扣抵，而造成農民所免除的稅負，將在下一階段的超級市場追補回來，而使得消費者負擔了全額的稅負。

此種追補效果係在產銷過程中某一階段適用零稅率或免稅，但下一銷售階段並不適用零稅率或免稅時才產生，若從產銷到消費者各階段均適用零稅率或免稅，則全程均無稅額，將無從產生追補❺，舉例如下：

某一貨物從生產、批發、零售各階段之銷售額分別為 40 元、60 元、80 元，若生產階段適用免稅，則各階段之稅額計算如下：

生產商：進項稅額不得扣抵，銷項免稅。

批發商：無進項稅額，銷項稅額 3 元（60 元 × 5%），應納稅額為 3 元。

零售商：進項稅額 3 元，銷項稅額 4 元（80 元 × 5%），應納稅額為 1 元（4 元 − 3 元 = 1 元）。

從上例中可知，生產商適用免稅的結果，批發商必須按全部銷售額計算稅率繳納 3 元，若生產商未適用免稅，批發商之應納稅額僅 1 元，其多繳的 2 元即為生產商所免除的稅負。

第三節　零稅率之適用範圍

下列貨物或勞務之營業稅稅率為零❺：

---

❺　本章為營業稅之減免，是以僅介紹部分階段免稅或零稅率產生之追補效果，此種追補效果在中間階段短漏開發票逃漏稅，而下一階段依規定開發票之情形，亦會發生。

⑴外銷貨物。

⑵與外銷有關之勞務，或在國內提供而在國外使用之勞務。

⑶依法設立之免稅商店銷售與過境或出境旅客之貨物。

⑷銷售與免稅出口區內之外銷事業、科學工業園區內之園區事業、海關管理保稅工廠或保稅倉庫之機器設備、原料、物料、燃料、半製品。

⑸國際間之運輸。但外國運輸事業在中華民國境內經營國際運輸業務者，應以各該國對中華民國國際運輸事業予以相等待遇或免徵類似稅捐者為限。

⑹國際運輸用之船舶、航空器及遠洋漁船。

⑺銷售與國際運輸用之船舶、航空器及遠洋漁船所使用之貨物或修繕勞務。

除外銷貨物經海關出口者，得免檢附證明文件外，其餘適用零稅率銷售額之情形，營業人均應檢附證明文件，向稽徵機關申報❷。

第四節　免稅之適用

一、營業稅法

1.銷售免稅

下列貨物或勞務免徵營業稅❸：

⑴出售之土地。

⑵供應之農田灌溉用水。

---

❶　營業稅法第七條規定。

❷　適用零稅率銷售額應如何申報及檢附之證明文件，請參營業稅法施行細則第十一條、《營業稅法令彙編》之營業稅第七條、第三十二條等規定。

❸　營業稅法第八條規定。

(3)醫院、診所、療養院提供之醫療勞務、藥品、病房之住宿及膳食。

(4)托兒所、養老院、殘障福利機構提供之育、養勞務。

(5)學校、幼稚園與其他教育文化機構提供之教育勞務及政府委託代辦
之文化勞務。

(6)出版業發行經主管教育行政機關審定之各級學校所用教科書及經政
府依法獎勵之重要學術專門著作。

(7)職業學校不對外營業之實習商店銷售之貨物或勞務。

(8)依法登記之報社、雜誌社、通訊社、電視臺與廣播電臺銷售其本事
業之報紙、出版品、通訊稿、廣告、節目播映及節目播出。但報社
銷售之廣告及電視臺之廣告播映不包括在內。

(9)合作社依法經營銷售與社員之貨物或勞務及政府委託其代辦之業
務。

(10)農會、漁會、工會、商業會、工業會依法經營銷售與會員之貨物或
勞務及政府委託其代辦之業務,或依農產品市場交易法設立且農會、
漁會、合作社,政府合計占 70% 以上股權之公司組織農產品批發市
場,依同法第二十七條規定收取之管理費。

(11)依法組織之慈善救濟事業標售或義賣之貨物與舉辦之義演,其收入
除支付標售、義賣及義演之必要費用外,全部供作該事業本身之用
者。

(12)政府機構、公營事業及社會團體,依有關法令組設經營不對外營業
之員工福利機構,銷售之貨物或勞務。

(13)監獄工廠及其作業成品售賣所銷售之貨物或勞務。

(14)郵政、電信機關依法經營之業務及政府核定之代辦業務。

(15)政府專賣事業銷售之專賣品及經許可銷售專賣品之營業人,依照規
定價格銷售之專賣品。

(16)代銷印花稅票或郵票之勞務。

(17)肩挑負販沿街叫賣者銷售之貨物或勞務。

⒅飼料及未經加工之生鮮農、林、漁、牧產物、副產物。

⒆漁民銷售其捕獲之魚介。

⒇稻米、麵粉之銷售及碾米加工。

㉑依第四章第二節規定計算稅額之營業人，銷售其非經常買進、賣出而持有之固定資產。

㉒保險業承辦政府推行之軍公教人員與其眷屬保險、勞工保險、學生保險、農、漁民保險、輸出保險及強制汽車第三人責任保險，以及其自保費收入中扣除之再保分出保費、人壽保險提存之責任準備金、年金保險提存之責任準備金及健康保險提存之責任準備金。但人壽保險、年金保險、健康保險退保收益及退保收回之責任準備金，不包括在內。

㉓各級政府發行之債券及依法應課徵證券交易稅之證券。

㉔各級政府機關標售贜餘或廢棄之物資。

㉕銷售與國防單位使用之武器、艦艇、飛機、戰車及與作戰有關之偵訊、通訊器材。

㉖肥料、農業、畜牧用藥、農耕用之機器設備、農地搬運車及其所用油、電。

㉗供沿岸、近海漁業使用之漁船、供漁船使用之機器設備、漁網及其用油。

㉘銀行業總、分行往來之利息、信託投資業運用委託人指定用途而盈虧歸委託人負擔之信託資金收入及典當業銷售不超過應收本息之流當品。

㉙金條、金塊、金片、金幣及純金之金飾或飾金。但加工費不在此限。

㉚經主管機關核准設立之學術、科技研究機構提供之研究勞務。

㉛經營衍生性金融商品、公司債、金融債券、新臺幣拆款及外幣拆款之銷售額。但佣金及手續費不包括在內。

2.放棄銷售免稅❺④

　　如前所述，適用免稅者，其進項稅額不能扣抵或退還，且下一手銷售時，如非屬對物免稅，將按照全額課稅，產生追補前階段所免徵的稅額，可能反而不利產業間之競爭。因此，本項免稅政策的美意，對適用免稅者未必全然有利，營業人自認適用免稅較為不利時，得向所在地稽徵機關申請，報經財政部核准後，改按應稅方式課徵營業稅。為了避免營業人取巧，不時變更適用課稅別，增加行政作業負荷，故經核准放棄免稅後三年內不得申請變更恢復適用免稅。

3.營業稅法其他銷售免徵營業稅規定

　　受託人因公益信託而標售或義賣之貨物與舉辦之義演，其收入除支付標售、義賣及義演之必要費用外，全部供作該公益事業之用者，免徵營業稅[55]。標售、義賣及義演之收入，不計入受託人之銷售額。

4.進口免稅

　　進口下列貨物免徵營業稅[56]：

(1)國際運輸用之船舶、航空器及遠洋漁船，與金條、金塊、金片、金幣、純金之金飾或飾金。

(2)關稅法第四十九條規定之貨物。但因轉讓或變更用途依照同法第五十五條規定補繳關稅者，應補繳營業稅。

(3)本國之古物。

二、其他法規中有關營業稅之免稅

1.企業併購法[57]

　　公司依企業併購法第二十七條至第二十九條規定收購財產或股份，而以有表決權之股份作為支付被併購公司之對價，並達全部對價 65% 以

---

[54]　營業稅法第八條第二項規定。

[55]　營業稅法第八條之一規定。

[56]　營業稅法第九條規定。

[57]　企業併購法第三十四條規定。

上，或進行合併、分割者，其移轉貨物或勞務，非屬營業稅之課徵範圍。

　　公司依企業併購法辦理合併，消滅公司移轉貨物及勞務與存續或新設公司，消滅公司毋須開立統一發票。至消滅公司之營業稅累積留抵稅額，依營業稅法第三十九條第一項第三款及稅捐稽徵法施行細則第五條前段規定，應退還予合併後存續或新設之公司受領❺❽。

2. 金融控股公司法❺❾

　　金融機構經主管機關許可轉換為金融控股公司或其子公司者，因營業讓與所產生之印花稅、契稅、所得稅、營業稅及證券交易稅，一律免徵。

3. 促進產業升級條例

⑴屬科學工業之公司，於民國九十一年一月一日起自國外輸入自用之機器、設備，在國內尚未製造，經經濟部專案認定者，免徵進口稅捐及營業稅。如於輸入後五年內，因轉讓或變更用途，致與減免之條件或用途不符者，應予補徵稅捐及營業稅。但轉讓與設於科學工業園區、加工出口區及其他屬科學工業之公司者，不在此限。科學工業之公司如屬海關管理保稅工廠者，自國外輸入之原料，免徵進口稅捐及營業稅。但輸往保稅範圍外時，應予補徵❻⓪。

⑵公司為促進合理經營，經經濟部專案核准合併者，因合併而發生之印花稅、契稅、證券交易稅及營業稅一律免徵❻①。

⑶營利事業承接政府委託之研究發展計畫❻②，免納營業稅。營利事業

---

❺❽　財政部 93.1.14 台財稅字第 0920457423 號函。

❺❾　金融控股公司法第二十八條規定。

❻⓪　促進產業升級條例第九條之一規定。

❻①　促進產業升級條例第十五條規定。

❻②　依經濟部工業局九十年八月十四日「研商增訂促進產業升級條例施行細則第三十七條之一事宜會議紀錄」決議，所謂「政府委託之研究發展計畫」限於為促進產業升級、健全經濟發展前提下之研究發展計畫。

　　得申請主管稅捐稽徵機關核准放棄適用前項免稅規定。但核准後三年內不得變更❻❸。

4.國際金融業務條例

　　國際金融業務分行之銷售額，免徵營業稅。但銷售與中華民國境內個人、法人、政府機關或金融機構之銷售額，其徵免應依照營業稅法規定辦理❻❹。例如國際金融業務分行對我國國民或營業人收取之手續費、佣金、利息收入不適用免徵營業稅之規定。

5.離島建設條例

　　澎湖、金門及馬祖地區之營業人，於當地銷售並交付使用之貨物或於當地提供之勞務，免徵營業稅❻❺。

　　所稱「於當地銷售並交付使用之貨物」，係指澎湖、金門及馬祖地區之營業人在當地將貨物之所有權移轉與他人，以取得代價者。其銷售之貨物未於當地交付者，不包括在內。上開貨物如係航空器、船舶、汽（機）車或房屋，則應以經澎湖、金門及馬祖地區當地主管機關登記者為限，營業人應於向營業稅主管稽徵機關申報銷售額時檢附相關證明文件。

　　所稱「於當地提供之勞務」，係指銷售之勞務以在澎湖、金門及馬祖地區提供並使用者為限。海、空運輸業則以在該地區已依法辦妥營業登記或設籍課稅，並開立屬該地區載運客、貨離去至中華民國境內第一站之客、貨票價部分為限。

6.文化藝術事業獎助條例

　　文化藝術事業從事有關之展覽表演、映演、拍賣等文化藝術活動者，得於活動開始一個月內向文建會就其文化勞務或銷售收入，申請免徵營業稅或減徵娛樂稅之認可❻❻。經認可之文化藝術事業，得減免營業稅及

---

❻❸　促進產業升級條例第二十條規定。

❻❹　國際金融業務條例第十四條規定。

❻❺　離島建設條例第十條規定。

❻❻　文化藝術事業減免營業稅及娛樂稅辦法第二條、第三條規定。

娛樂稅❻。

7.原住民族工作權保障法❻

　　原住民合作社依法經營者，得免徵所得稅及營業稅。但自民國九十年十一月起六年內應免徵所得稅及營業稅。

8.儲蓄互助社法❻

　　依儲蓄互助社法設立之儲蓄互助社組織，依法經營者，免徵所得稅及營業稅。

┌─────────────────────────┐
│ 關鍵詞 │
│ ◉零稅率　◉免稅　◉經海關出口 │
└─────────────────────────┘

---

❻　文化藝術獎助條例第三十條規定。
❻　原住民族工作權保障法第八條。
❻　儲蓄互助社法第八條規定。

自我評量

1. 免稅與零稅率有何區別?

2. 何謂零稅率? 政府對某些營業行為給予零稅率優惠的主要理由為何?

3. 我國營業稅法規定適用零稅率之情形有哪七種?

4. 外銷貨物經報關出口應如何申報適用零稅率?

5. 我國免徵營業稅之主要理由為何? 試舉例說明。

6. 何以某些營業人要放棄適用免稅規定?

7. 何種進口貨物免徵營業稅?

8. 除了營業稅法規定免徵營業稅者外，尚有何種法令賦予免徵營業稅的優惠?

第八章　營業稅稅率結構與課稅方式類別

第一節　稅率結構

營業稅之稅率規定於營業稅法第十條至第十三條，依適用對象分別列示如下❼⓿：

1.一般稅率

最低不得少於 5%，最高不得超過 10%。目前為 5%。

2.金融業稅率

銀行業、保險業、信託投資業、證券業、期貨業、票券業及典當業，因以提供勞務為主，主要進項為人事費用，性質特殊，不宜按進銷差額課徵營業稅，故按銷售總額課稅。其經營專屬本業❼❶之銷售額，稅率為 2%；經營非專屬本業之銷售額，稅率為 5%。但保險業之再保費收入之營業稅稅率為 1%。

3.特種飲食業稅率

---

❼⓿　營業稅法第十條、第十一條、第十二條、第十三條規定。

❼❶　金融業經營專屬本業之銷售額，係由財政部或目的事業主管機關訂定專屬該業之業務為限。

基於對奢侈性消費寓禁於徵之政策,稅率較一般營業人之稅率為高。

⑴夜總會、有娛樂節目之餐飲店之稅率為 15%。

⑵酒家、有女陪侍之茶室、咖啡廳、酒吧等之稅率為 25%。

4.小規模營業人及農產品批發市場之承銷人稅率

⑴小規模營業人及其他經財政部規定免予申報銷售額之營業人,稅率
1%。

⑵農產品批發市場之承銷人、銷售農產品之小規模營業人,稅率 0.1%。
但銷售生鮮農、林、漁、牧產物,免徵營業稅。

所謂「小規模營業人」,係指營業稅法第十一條、第十二條所列各業
以外之規模狹小、交易零星,平均每月銷售額未達使用統一發票標準之
營業人[72]。

「其他經財政部規定免予申報銷售額之營業人」,係指營業性質特殊
之營業人[73],包括理髮業、沐浴業、計程車業及其他經財政部核定之營
業。

第二節　課稅方式類別

依營業人之稅額計算方式、稽徵方式和使、免用統一發票,可分成
下列課稅方式類別:

一、按稅額計算方式區分

1.加值型

營業人以當期銷項稅額,扣減進項稅額後之餘額,為當期應納或溢
付營業稅額,按一般稅率計算稅額即屬之。

---

[72]　營業稅法施行細則第九條規定。使用統一發票之銷售額標準依財政部
75.7.12 台財稅第 7526254 號函規定為平均每月新臺幣 20 萬元。

[73]　營業稅法施行細則第十條規定。

2.非加值型（毛額型或總額型）

營業人以其銷售額按業別稅率計算營業稅額，如金融業稅率、特種飲食業稅率、小規模營業人及農產品批發市場之承銷人稅率計算稅額者。

二、按稽徵方式區分

1.自動報繳

營業人以每二月為一期❼，於次期開始十五日內，填具規定格式之申報書，檢附退抵稅款及其他有關文件，向主管稽徵機關申報銷售額、應納稅額或溢付營業稅額。按一般稅率、金融業稅率計算稅額者，及非查定課徵之特種飲食業適用之。

2.查定課徵

典當業、規模狹小之特種飲食業、農產品批發市場之承銷人、小規模營業人及其他經財政部規定免予申報銷售額之營業人，由主管稽徵機關查定其銷售額及稅額，按季或按月填發繳款書通知繳納。

三、按使、免用統一發票區分

1.使用統一發票

經稽徵機關核定使用或自行申請使用統一發票之營業人，按一般稅率、金融業稅率或特種飲食業稅率計算稅額，並採自動報繳方式按期或按月向稽徵機關申報繳納營業稅者。

2.免用統一發票

經稽徵機關核定免用統一發票，並以查定課徵方式繳納營業稅之營業人，或依統一發票使用辦法第四條規定得免用統一發票自動報繳營業稅者。

---

❼ 適用零稅率之營業人得申請以每月為一期，按月申報。

表 8-1　營業稅課稅方式類別關聯表

稅額計算	行業別	使用發票	免用發票	稽徵方式
加值型	不分行業	✓	✗	自動報繳
		✗	✓	
非加值型	金融業	✓	✗	
		✗	✓	
	特種飲食業	✓	✗	查定課徵
		✗	✓	
	典當業	✗	✓	
	小規模營業人、農產品批發市場之承銷人	✗	✓	

關鍵詞

◉一般稅率　◉金融業稅率　◉特種飲食業稅率　◉小規模營業人

◉自動報繳　◉查定課徵

 自我評量

1. 我國營業稅稅率有幾種？各種營業稅稅率的適用對象為何？
2. 經財政部規定免予申報銷售額之營業人係指何種行業？其課稅方式及稅率為何？
3. 我國營業稅制度依稅額計算方式區分可分哪兩種？
4. 我國營業稅制度依課稅方式或稅額報繳方式區分可分哪兩種？其繳稅週期為何？
5. 試述加值型營業人之稅率、報繳方式。
6. 非加值型營業稅之適用行業有哪些？其稅率及報繳方式各為何？

第九章　營業稅稅額計算

　　銷售額，係指營業人銷售貨物或勞務所收取之全部代價，包括營業人在貨物或勞務之價額外收取之一切費用。但本次銷售之營業稅額不在其內。如係應徵貨物稅或菸酒稅之貨物，其銷售額應加計貨物稅額或菸酒稅額在內。

一、定價含稅，依定價換算銷售額

　　營業稅係屬消費稅性質，針對消費行為課稅，但是所有全民大眾均為消費者，如責由消費者負納稅義務，將耗費稽徵成本及依從成本，乃責由銷售人向買受人收取稅款後，向稽徵機關申報繳納，因此，營業人銷售應稅貨物或勞務之定價，均應內含營業稅❼❺。買受人如為非營業人，包括一般消費者或未銷售貨物或勞務之機關、團體、組織等，營業人應依定價金額開立統一發票交付買受人，即營業稅內含於銷售價格內，不細分為銷售額與稅額。買受人如為營業人時，除了經核准使用二聯式收銀機統一發票者外，應將定價金額依下列公式計算銷售額與銷項稅額於

---

❼❺　修正營業稅法實施注意事項三、㈠規定。

統一發票上分別載明，以方便買受營業人計算進項稅額申報扣抵。

$$銷售額 = 定價 \div (1 + 徵收率)$$
$$銷項稅額 = 銷售額 \times 徵收率$$

上列公式計算得出的銷項稅額，以新臺幣元為單位，小數點以下四捨五入。

二、銷售額的內涵

營業人於銷售貨物或勞務向買受人收取之價額為銷售額，但在價額之外收取之一切費用，亦為銷售貨物或勞務所取得對價之一部分，均應列入銷售額，並依規定之徵收率課徵營業稅。例如：遲延利息、服務費、餐飲業向顧客加收之服務費(小費)[76]、門票收入中之遊客平安保險費[77]、舞廳向顧客收取舞女之鐘點費與節費[78]、承攬人向發包單位收取之恤償準備金[79]、承租人提前終止租約或遲付租金，出租人依約收取之違約金[80]、用戶逾期繳費之滯納金[81]、買受人違約而沒收之預收款[82]等，均應列入銷售額。

換言之，銷售額係指營業人基於銷售人之身分向買受人收取的任何名目之費用，是本於實質課稅原則，而不拘泥於買賣雙方約定收入或支出之名目、類別或科目名稱。所以，買賣交易關係中，除屬無條件返還之保證金或合於代收代付之款項外，賣方向買方收取之任何收入，均應

---

[76]　財政部賦稅署 75.4.10 台稅二發第 7523166 號函。

[77]　財政部 80.3.9 台財稅第 800050898 號函。

[78]　財政部 75.7.28 台財稅第 7541479 號函。

[79]　財政部 75.7.25 台財稅第 7559759 號函。

[80]　財政部 85.9.12 台財稅第 851915443 號函、財政部 75.11.26 台財稅第 7574126 號函。

[81]　財政部 75.7.21 台財稅第 7547031 號函。

[82]　財政部 81.4.29 台財稅第 810160470 號函。

列入銷售額，報繳營業稅。如屬買方向賣方收取的款項，由於買方並非
銷售貨物或勞務之一方，賣方願意支付款項與買方，係因賣方違反雙方
交易之約定或已經對買方造成損害，該款項係屬賠償款性質，非屬銷售
額，買方應開立收款收據與賣方，作為雙方之收付款憑證；賣方向買方
收取銷售價款扣除應賠償予買方之金額時，尚不得就扣除後之淨額，開
立統一發票報繳營業稅，必須按交易全額開立統一發票❽。

三、貨物稅、菸酒稅為營業稅之稅基，娛樂稅非屬稅基

　　貨物稅及菸酒稅均於貨物進口或移運出廠時，對貨物進口人或生產
人所課徵之稅，為進口人或生產人取得該項貨物所支付之成本之一部分，
應與其他成本項目同列入銷售額，因此，營業人銷售貨物如係應徵貨物
稅或菸酒稅之貨物，其銷售額應加計貨物稅額或菸酒稅額在內，據以計
算營業稅。

　　娛樂稅之納稅義務人，為出價娛樂之人，非為銷售勞務之營業人，
娛樂業之營業人僅以代徵人之身分向出價娛樂之人收取娛樂稅額，所以，
娛樂稅非屬營業稅稅基，營業人銷售應課徵娛樂稅之勞務，應就收取金
額扣除娛樂稅後之餘額計算營業稅。如：保齡球館向買受人收取球資，
應按球資總額扣除娛樂稅及教育捐之淨額開立二聯式統一發票及報繳營
業稅。其計算公式如下：

發票金額（含營業稅）＝收費額或球資÷（1＋娛樂稅稅率＋娛樂稅
　　　　　　　　　　　稅率×30％＋營業稅徵收率）×（1＋營業稅
　　　　　　　　　　　徵收率）❽

---

❽　財政部 75.7.2 台財稅第 7554314 號函規定，○○承運××容器破損之賠償
　　款，非屬銷售額，應免徵營業稅，得免由××開立統一發票，可書立普通收
　　據並貼用印花稅票。又該賠償款，因非營業稅法第十五條第二項規定銷貨退
　　回與折讓，其憑證不得作為進項憑證，扣抵銷項稅額。
❽　財政部 77.12.27 台財稅第 770667305 號函。

四、買賣雙方互相沖抵之費用

營業人相互銷售貨物或勞務，為簡化收付款手續，而約定以收付相抵後之餘額給付或收取價款者，應分別依各自銷售貨物或勞務收入開立統一發票。例如營業人委託其他廠商加工，以剩餘材料折抵工資，應分別由雙方開立銷貨（材料）及加工收入統一發票❽❺。包作業承包工程，承包人應依工程合約所載每期應收價款時開立統一發票，出包人依工程合約對承包人逾期完工處以罰款，而以工程尾款抵付者，並不影響承包人開立統一發票及報繳營業稅之時限，亦即承包人不得因以工程尾款抵付逾期罰款而免除開立發票與報繳稅款之義務❽❻。實務上，有人認為此乃銷貨折讓的性質，承包人可按出包人給付淨額開立統一發票，然基於雙方的約定，出包人因承包人違約而向承包人收取的賠償款，非屬出包人之銷售額，亦非屬承包人銷售貨物或勞務之折讓或退回，自不得於合約價款中減除而僅按淨額開立統一發票。

五、非銷售行為之收入非屬銷售額

營業稅之課稅範圍為在中華民國境內銷售貨物或勞務及進口貨物。因此，營業人非因銷售行為取得之收入，非屬營業稅之課稅範圍，不課徵營業稅。如：捐贈收入；因銷售人遲延交貨，買受人向賣主求償，取得之補償金❽❼；非因銷售行為收受政府有關單位補助款❽❽或徵收補償費或搬運費或自動搬遷獎勵金❽❾等，均非屬銷售額，可免開立統一發票及免徵營業稅。

---

❽❺　財政部 58 台財稅發第 5035 號令。
❽❻　財政部 75.7.26 台財稅字第 7555737 號函。
❽❼　財政部 66.8.11 台財稅第 35345 號函。
❽❽　財政部賦稅署 75.5.6 台稅二發第 7546892 號函。
❽❾　財政部 75.8.16 台財稅第 7561195 號函。

　　非金融業之營業人因同業往來或財務調度之利息收入，核非屬經營業務範圍所發生之收入，免開立統一發票，並免徵營業稅❾⓿。

六、特殊規定

1.時價調整❾①

　　銷售額為營業稅的稅基，營業人如壓低銷售價格，即可減少銷項稅額，達到節省稅負的目的，為防杜營業人無正當理由壓低銷售價格，逃漏營業稅，稅法規定營業人以較時價顯著偏低之價格銷售貨物或勞務而無正當理由者，主管稽徵機關得依時價認定其銷售額。惟價格偏低如屬正當理由，例如貨物有重大瑕疵而有確實證明者，或商場上週年慶大減價等正常促銷行為，則不予調整。實務上，以調整建設公司的房屋銷售額之情形最為常見，由於銷售土地免徵營業稅，計算不得扣抵比例時免將土地的免稅銷售額列入，故其不得扣抵比例不受土地之免稅銷售額影響，因此與買受人約定銷售總價後，合約刻意拉高土地款而壓低房屋款，藉以減少銷項稅額；對於此種情形，稽徵機關如經查得時價❾②，可依照營業稅法第四十三條規定逕行調整售價，核定銷售額並補徵稅額。

2.國際運輸❾③

　　國際運輸事業自中華民國境內載運客貨出境者，其銷售額依下列規定計算：

(1)海運事業

　　指自中華民國境內承載旅客出境或承運貨物出口之全部票價或運費。

(2)空運事業

---

❾⓿　財政部 75.7.3 台財稅第 7557458 號函。

❾①　營業稅法第十七條規定。

❾②　所稱時價，係指當地同時期銷售該種貨物或勞務之市場價格。

❾③　營業稅法第十八條規定。

　①客運：指自中華民國境內承載旅客至中華民國境外第一站間之票
　　價。
　②貨運：指自中華民國境內承運貨物出口之全程運費。但承運貨物
　　出口之國際空運事業，如因航線限制等原因，在航程中途將承運
　　之貨物改由其他國際空運事業之航空器轉載者，按承運貨物出口
　　國際空運事業實際承運之航程運費計算。

3.視為銷售之銷售額

　下列視為銷售貨物之情形，其銷售額之認定標準如下❽：

(1)營業人以其產製、進口、購買供銷售之貨物，轉供營業人自用；或
　以其產製、進口、購買之貨物，無償移轉他人所有者。如：進口奶
　粉無償救濟貧寒及捐贈慈善機構❾等，因為轉供自用或無償移轉與
　他人時，既擬制為其正常銷售之情形，故其銷售額應按時價為準。

(2)營業人解散或廢止營業時所餘存之貨物，或將貨物抵償債務、分配
　與股東或出資人者。如：獨資組織之營利事業轉讓或變更負責人時，
　原負責人將其存貨及固定資產移轉與新組織或新負責人者❿，以時
　價為其銷售額。

(3)營業人以自己名義代為購買貨物交付與委託人者，以代購貨物之實
　際價格為其銷售額。

(4)營業人委託他人代銷貨物者，以約定代銷之價格為其銷售額。

(5)營業人銷售代銷貨物者，以約定代銷之價格為其銷售額。

　以上各項規定於勞務準用之。

　在上述代銷貨物或勞務之情形下，委託人與受託人雙方應訂定代銷
合約，約定代銷貨物之價格及代銷佣金之結算期限，委託人將貨物送交
受託人時，雖未移轉所有權，應依約定的銷售價格開立統一發票，並於

---

❽　營業稅法施行細則第十九條規定。

❾　財政部賦稅署 75.7.3 台稅二發第 7556592 號函。

❿　財政部 75.10.30 台財稅第 7576167 號函。

備註欄註明「委託代銷」字樣，交付受託人作為進項憑證。受託人銷售該項貨物時，亦應依約定的銷售價格開立統一發票，並於備註欄註明「受託代銷」字樣，交付買受人**❾**。但雙方結算代銷佣金之期限，至遲不得超過兩個月。雙方在辦理營利事業所得稅結算申報時，委託代銷及受託代銷之銷售額均應列入營業收入之調節項目**❾**。

　　在受託代購之情形下，受託人以自己之名義代理委託人購買貨物或勞務時，取得以受託人為抬頭之進項憑證，於交付委託人時，應按實際購買之價格開立統一發票，並註明「代購」字樣，交付委託人**❾**。

　　另營業人取得經濟部投資審議委員會核准，以機器設備、零配件、原料、半成品或成品等投資國外或間接投資大陸地區，應視為銷售貨物，並以時價認定銷售額**❿**。

4.土地及其定著物合併銷售**❿**

　　營業人銷售土地及其定著物，如於買賣契約分別載明土地與定著物之銷售價格，則按其契約所訂價格報繳營業稅。因銷售土地免徵營業稅，而銷售定著物應課徵營業稅，營業人如有蓄意抬高土地售價，並壓低定著物之售價，藉以規避營業稅，則稽徵機關可依時價調整其銷售額**❿**。

　　惟如以土地及其定著物合併銷售時，但買賣契約並未分別明訂土地及定著物之銷售價格者，則依房屋評定標準價格占土地公告現值及房屋評定標準價格總額之比例，計算定著物部分之銷售額，報繳營業稅。例如買賣合約約定土地及房屋銷售總價款為 1,050 萬元，土地公告現值為

❾　統一發票使用辦法第十七條規定。
❾　營業稅法實施後營利事業辦理所得稅結算申報及帳務處理注意事項、營利事業所得稅查核準則第十五條之一規定。
❾　統一發票使用辦法第十七條規定。
❿　財政部 90.4.17 台財稅字第 0900452722 號函。
❿　營業稅法施行細則第二十一條規定。
❿　營業稅法第十七條及第四十三條規定。

300 萬元，房屋評定標準價格為 200 萬元，則房屋銷售額為 400 萬元，計算式如下：

$$1050 萬 \times 200 萬 / (300 萬 + 200 萬) = 420 萬（元）$$

$$420 萬 \div (1 + 5\%) = 400 萬（元）$$

5.黃金之金飾 [103]

金條、金塊、金片、金幣 [104] 及純金之金飾或飾金，免徵營業稅，但其加工費則不在此限，應課徵營業稅，因此，銷售純金之金飾或飾金，黃金及加工費應分別列示銷售額。例如黃金項鍊一條，重量為 4 錢，當日黃金售出價格為每錢 2,000 元，銷售價格共計 10,100 元，則黃金之免稅銷售額與加工費之應稅銷售額分別為 8,000 元及 2,000 元。計算如下：

$$2,000 元 \times 4（錢） = 8,000 元 \quad\cdots\cdots\cdots\cdots\cdots 黃金之銷售額$$

$$10,100 元 - 8,000 元 = 2,100 元 \quad\cdots\cdots\cdots 加工費之含稅價格$$

$$2,100 元 \div (1 + 5\%) = 2,000 元 \quad\cdots\cdots\cdots\cdots 加工費之銷售額$$

6.出租財產收取押金

營業人出租財產，除收取租金收入外，另收取押金，其押金利息亦屬租金收入之一部分，應於每月底，依規定之徵收率，按月計算租金收入之銷售額，其計算公式如下。

屬於營業稅法第四章第一節規定計算稅額之營業人，每月設算的租金收入如下：

銷售額 =（押金 × 該年一月一日郵局 [105] 之一年期定期存款利率 ÷12）
　　　　÷（1 + 徵收率）

屬於營業稅法第四章第二節規定計算稅額之營業人，每月設算的租

---

[103]　營業稅法第八條第一項第三十款規定。

[104]　財政部 77.9.5 台財稅第 770262712 號函、79.2.7 台財稅第 780691182 號函規定，各國政府或指定機構以一定規格黃金鑄造，並具有法償效力之貨幣及紀念幣應免徵營業稅。

[105]　郵政儲金匯業局現已改制為中華郵政股份有限公司。

金收入如下：

銷售額＝押金×該年一月一日郵局之一年期定期存款利率÷12

以上二計算式的差異，乃因第四章第一節規定計算稅額之營業人，押金設算結果為含稅之金額，必須將該含稅之金額還原為銷售額，而第四章第二節規定計算稅額之營業人，係按總額課稅，所以換算得出之租金收入並未含稅，即為營業稅之稅基。

由於上開每月應設算之租金收入，實際上並無收取該款項，極易因人為疏忽而漏未申報銷售額，是故營業人得於每年首月設算該年一年之租金收入，一次開立統一發票並申報繳納之❶⁰⁶。

7.以物易物（含勞務）

營業人以貨物或勞務與他人交換貨物或勞務者，應於換出時，以換出或換入貨物之時價，從高認定其銷售額。例如建設公司與地主合建分屋，雙方應按換入之土地與換出之房屋之時價從高認定銷售額。

標售物品所收取之得標價款，得標廠商如部分以實物抵繳，則屬物物交換行為，應於得標廠商繳交實物時，以該實物折換的時價認定其銷售額❶⁰⁷。

8.國外或大陸旅行團團費

由於在中華民國境內銷售勞務,係以在中華民國境內提供或使用者,認屬我國營業稅的課稅範圍，旅行業者辦理國外及大陸旅行團收取之團費，其屬帶團到國外旅行而在國外發生的住宿、飲食、交通、門票等費用，非屬我國營業稅的課稅範圍，是以應就收取團費金額開立旅行業代收轉付收據，並扣除國外發生的費用或國內代收代付款項後之差額，於回國後十日內逐團估算結帳，開立二聯式統一發票報繳營業稅，並於最終結帳時，依支付憑證金額調整之。代收轉付收據得扣除的款項包括：

---

❶⁰⁶　財政部 78.4.12 台財稅第 780055839 號函。

❶⁰⁷　財政部 75.7.2 台財稅第 7549984 號函。

(1)國外及大陸地區機票款。

(2)國外及大陸地區發生之費用，包括交通、食宿、觀光、簽證費、保險費、小費、機場稅、入場券等。

(3)國內代收代付之費用，包括機場稅、簽證工本費、保險費等 ❿。

9.國外演唱會門票

　　國內營利事業代理國外售票公司，在臺預售國外劇場、歌劇院、演唱會等入場券所收取之票價，因各該表演活動之提供地及使用地均在國外，非屬在中華民國境內銷售勞務，亦不屬中華民國來源所得，依法免納營業稅及營利事業所得稅。至營利事業向購票人收取票價以外之服務費及向國外售票收取之代售佣金，均屬在中華民國境內銷售勞務之收入，應依法課徵營業稅 ❿。

第二節　進項稅額之扣抵

　　加值體系之營業人申報進項稅額扣抵憑證，應符合下列條件：

一、扣抵憑證之外觀條件

　　加值體系之營業人以進項稅額扣抵銷項稅額者，應取具載明其名稱、地址及統一編號之下列憑證 ❿：

(1)購買貨物或勞務時，所取得載有營業稅額之統一發票。

(2)視為銷售貨物或勞務時，所自行開立載有營業稅額之統一發票。

(3)其他經財政部核定載有營業稅額之憑證。例如水、電、瓦斯、電話費等收據。

---

❿　財政部 82.5.17 台財稅第 821485398 號函。
❿　財政部 79.11.22 台財稅第 790296672 號函。
❿　營業稅法第三十三條規定。

二、扣抵憑證之內容限制

營業人下列進項稅額，不得扣抵銷項稅額⑪：

⑴購進之貨物或勞務未依規定取得並保存營業稅法第三十三條所列之憑證者。

營業人申報進項扣抵應以取得並保存合法憑證為要件，藉以證明扣抵之進項稅額屬實，如未經取得並保存合法憑證，自不得扣抵。例如營業人進貨取得非實際交易對象開立之統一發票作為進項憑證，係屬未依規定取得憑證，該憑證雖符合前述之外觀條件，但其所載之稅額仍不得申報扣抵銷項稅額。

⑵非供本業及附屬業務使用之貨物或勞務。但為協助國防建設、慰勞軍隊及對政府捐獻者，不在此限。

營業人購進之貨物或勞務非供營業個體使用者，其進項稅額自不得扣抵，例如實務上常見營業人負責人或股東個人之消費，以營業人之名義取得進項憑證，並供營業人作為進項扣抵憑證之用，經查獲者應按虛報進項稅額處罰；但購進之貨物或勞務提供作為協助國防建設、慰勞軍隊或對政府捐獻之用者，例如九二一震災時，營業人購買民生用品贈與縣政府等機關，其進項雖與營業無關，但為鼓勵對國家捐輸，准予扣抵銷項稅額。

⑶交際應酬用之貨物或勞務。

營業人交際應酬多為消費性支出，且無從認定其是否與營業有關，為抑制奢靡風氣及防杜浮濫，乃不准扣抵銷項稅額。例如營業人招待經銷商用餐、旅遊、贈送贈品等屬之。

⑷酬勞員工個人之貨物或勞務。

按員工取得之薪資待遇如為現金，由員工自行購買貨物或勞務，並

---

⑪　營業稅法第十九條規定。

不能免除營業稅之負擔，如由營業人購買貨物或勞務轉發給員工，其進項稅額自不得准予扣抵，又以現金給付及以購買實物給付之二個營業人觀之，該酬勞員工之進項稅額如准予扣抵，將使現金給付者與實物給付者承受不同的稅負，允宜不得扣抵，以求公平。

　(5)自用乘人小汽車。

　　企業購買自用乘人小汽車多供高級員工使用，與酬勞員工之性質相同，爰不得扣抵銷項稅額。

　　所謂自用係指非供銷售或提供勞務使用之九人座以下乘人小客車，例如汽車經銷商及小客車租賃業之營業人，購進汽車係供銷售或提供勞務使用，其進項稅額得申報扣抵銷項稅額，但該等營業人購進之小客車如轉供自用，例如供業務員使用或試乘之用，則不得申報扣抵。又一般營業人購進小客車供載貨使用，因該汽車並非直接作為銷售之客體，仍屬自用，其進項稅額不得申報扣抵銷項稅額。但如購置小貨車或客貨兩用車之進項稅額則可申報扣抵。一般營業人購置汽車之進項稅額，其進項稅額得否扣抵銷項稅額，應以汽車使用執照上所刊載之座位數、執照號碼及類別作為認定的準據。

三、專（兼）營免稅或特種銷售額者之進項稅額

　　營業人專營營業稅法第八條第一項免稅貨物或勞務者，其進項稅額不得申請退還。因銷售免稅係指該銷售階段免除買受人之稅負，並未免除銷售人之進項稅額，故不產生進項稅額扣抵之問題。

　　營業人經營應稅貨物或勞務兼營免稅之貨物或勞務，或因銷售特種銷售額而有部分不得扣抵情形者，其進項稅額不得扣抵銷項稅額之比例與計算，依兼營營業人營業稅額計算辦法之規定辦理，詳見本章第六節。

四、扣抵之規定❷

1.下列之進項稅額准予扣抵銷項稅額

(1)營業人舉行業務檢討會之餐費。

(2)營業人購買員工在工作場所穿著之工作服、工作鞋，或購買放置於營業所供全體員工使用之衛生紙、香皂、消毒用品用具、茶葉等物品。

(3)營業人為工程施工或油礦探勘需要，於工地搭建臨時房屋或在工地附近租賃房屋供施工人員臨時住宿或辦理工務使用，該房屋租金、水電費、瓦斯費等。

(4)營業人組球隊對外參加活動，其有關球隊之支出。

(5)營業人興建或購置之體育館、員工宿舍、餐廳及員工福利設施等固定資產，未移轉其所有權與員工個人者。

(6)營業人舉辦收費之研習活動，向學員收取之費用，已包括講師費、講義教材、文具費及餐費等成本，學員用餐及期末綜合檢討聚餐所支付餐費。

(7)租賃業購買乘人小汽車，以融資租賃方式租予他人使用。

(8)營業人購置客貨兩用車或為載運員工上下班，以非融資租賃方式租用汽車。

(9)員工出差旅費，車、船、飛機客票與住宿。

(10)營業人於不動產租賃期間約定由承租人使用支付之水電費。

(11)營業人所屬員工，於在職期間因業務需要使用自有車輛從事營業人之工作，如經書面約定由營業人負擔之油料費、修理費。

(12)營業人以促銷為目的，隨所銷售之貨物或勞務而附贈之物品，或舉辦抽獎活動而購買供贈品使用之小客車，經稽徵機關核定以廣告費

---

❷　摘自《營業稅法令彙編》營業稅法第十九條財政部相關函釋。

認列者。

⒀營業人承租土地，利用其自有資金以地主名義於承租土地上興建房屋，且約定租賃期間土地承租人無償使用房屋，其興建房屋所支付之進項稅額。

⒁外國國際運輸事業在中華民國境內由代理人支付之進項稅額，但以憑證抬頭載明代理人並符合營業稅法第三十三條及非屬第十九條第一項不得扣抵者為限。

2.下列之進項稅額不得扣抵銷項稅額：

⑴營業人租賃房屋供員工住宿，其有關租金、水電及瓦斯費等或因辦理員工伙食而購買主、副食、水電、瓦斯、炊事用具及設備等。

⑵營業人為員工惜別茶會之費用或支（給）付員工康樂活動費用、員工旅行費用、員工生日禮品、員工因公受傷之慰勞品、員工婚喪喜慶之禮品等員工福利支出。

⑶對外國政府捐贈而購買之物品。

⑷公司支付外國派遣來華提供技術協助者之住宿費或支付委任簽證會計師事務所人員赴外埠查帳住宿費用。

⑸營業人為招待客戶所支付之旅費、住宿費或餽贈禮品、交際應酬餽贈他人禮物或股東會贈送股東之紀念品。

⑹營業人因業務需要，以融資租賃方式租用乘人小汽車，其給付租賃業者之租金、利息。

⑺供試車活動使用之乘人小汽車。

⑻專營投資證券業務之營業人或專營土地開發出售土地之營業人，其取得之進項憑證。

⑼營業人依「文化藝術事業減免營業稅及娛樂稅辦法」申請認可免徵營業稅者之進項稅額。

⑽保全公司購置供保全人員巡邏偵防使用或觀光飯店等旅宿業購買供接送住宿客人之九人座以下乘人小客車。

⑾營業人短漏開統一發票，經稽徵機關查獲補開，統一發票扣抵聯載明「違章補開」者。

⑿代理人自外國國際運輸事業收取代理費及佣金，自行開立以外國國際運輸事業為抬頭之統一發票。

五、申報扣抵期限

營業人當期銷項稅額扣減進項稅額後之餘額，為當期應納或溢付營業稅額。營業稅法第四章第一節規定計算稅額之營業人，其進項稅額憑證未於當期申報者，得延至次期申報扣抵。次期仍未申報者，應於申報扣抵當期敘明理由，惟自民國九十四年一月一日起應受五年期間之限制⓭。至逾期申報扣抵之進項憑證，可於扣抵時併入一般申報案件敘明理由即可。

由於稽徵機關每期之進銷項憑證交查作業係以最近三期（每期二個月）之資料進行勾稽，如以前八個月之進項憑證申報扣抵，將產生銷售人進銷項交查異常資料，增加徵納雙方之查對手續，是以營業人之進項憑證儘量在六個月內申報扣抵為宜。

第三節　銷貨退回或進貨退出折讓

一、憑證之製作或取得⓮

營業人銷售貨物或勞務，於開立統一發票後，發生銷貨退回、掉換貨物或折讓等情事，應於事實發生時，分別依下列各款規定辦理；其為掉換貨物者，應按掉換貨物之金額，另行開立統一發票交付買受人：

⓭　財政部 93.8.3 台財稅字第 09304540870 號令。

⓮　統一發票使用辦法第二十條規定。

1.買受人為營業人者

(1)開立統一發票之銷售額尚未申報者，應收回原開立統一發票收執聯及扣抵聯，黏貼於原統一發票存根聯上，並註明「作廢」字樣。但原統一發票載有買受人之名稱及統一編號者，得以買受人出具之銷貨退回、進貨退出或折讓證明單代替之。

(2)開立統一發票之銷售額已申報者，應取得買受人出具之銷貨退回、進貨退出或折讓證明單。但以原統一發票載有買受人之名稱、統一編號者為限。

2.買受人為非營業人者

(1)開立統一發票之銷售額尚未申報者，應收回原開立統一發票收執聯，黏貼於原統一發票存根聯上，並註明「作廢」字樣。

(2)開立統一發票之銷售額已申報者，除應取得買受人出具之銷貨退回、進貨退出或折讓證明單外，並應收回原開立統一發票收執聯。如收執聯無法收回，得以收執聯影本替代。但雙方訂有買賣合約，且原開立統一發票載有買受人名稱及地址者，可免收回原開立統一發票收執聯。

銷貨退回、進貨退出或折讓證明單係由進貨人開立，一式四聯，第三聯及第四聯由買受人留存，作為申報扣減進項稅額及記帳之憑證，並將第一聯及第二聯交付銷售貨物或勞務之營業人，作為申報扣減銷項稅額及記帳之憑證。

營業人依經銷契約取得或支付之獎勵金，應按進貨或銷貨折讓處理，惟如獎勵金大於原所收取之銷售額者，該筆獎勵金應按佣金收入開立統一發票❶❶❺。

證券商退還客戶之交易手續費，如以匯款單、存款憑條或其他證明文件證明支付款項者，得免取具折讓證明單，至於銷售額與稅額申報書

---

❶❶❺　財政部90.2.5台財稅第0900450957號函。

之填寫，仍應就收入與折讓金額，依規定之申報格式分別填列⓫⓰。

二、申報期限⓱

原則上，營業人因銷貨退回或折讓而退還買受人之營業稅額，或因進貨退出或折讓而收回之營業稅額，應於退出或折讓之當期申報。

對進貨人而言，因貨物退回係由買受人發動，故其可在規定的申報期限內開立進貨退出或折讓證明單，並提出申報，且該憑證為進項稅額減項之憑證，將增加其稅負，自應於當期申報；惟如進貨人迄未持原進貨發票扣抵聯申報扣抵銷項稅額者，縱然發生進貨退出或折讓時，亦毋須申報進貨退出或折讓證明單。

但對於銷售人而言，因其銷貨退回或折讓證明單係由買受人開立後交付，常因郵寄投遞時間之延誤，而錯過當期之申報期限，且該銷貨退回或折讓證明單係銷項稅額之減項憑證，可減少其稅負，故考量銷售人之權益，銷貨退出或折讓證明單如未於當期申報者，准予寬延一期申報⓲，但以一期為限。

三、專案退回之處理

營業人開立統一發票交付買受人後，對於所載之營利事業（買方）名稱及統一編號，不得任意更改。如營業人銷售貨物或勞務，開立統一發票交付買受人，並已報繳營業稅，買受人於開立統一發票月份以後，始發現收受之統一發票書寫錯誤或其他原因，退還銷售人（賣方）另行開立，致發生重複繳稅情事⓳，或因買受人逾規定期限而未入帳，於退貨時亦不願開立進貨退出或折讓證明單，逕將貨物連同所開之發票一併

⓰　財政部 86.10.3 台財稅第 861918297 號函。
⓱　營業稅法第十五條規定。
⓲　財政部 81.8.27 台財稅第 810836121 號函。
⓳　財政部 76.3.11 台財稅第 7621404 號函。

退回銷售人，則該銷售人可檢具買受人聲明退貨且未扣抵之文件，連同原開立之統一發票扣抵聯及收執聯正本，就其溢付稅額向稽徵機關申請專案退回或留抵。如書寫錯誤之統一發票已交付買受人，但無法收回該統一發票收執聯、扣抵聯作廢重開者，其屬買方營業人已申報案件，應由賣方營業人向主管稽徵機關申請更正錯誤之統一發票，再由賣方營業人所在地主管稽徵機關通報買方營業人所在地主管稽徵機關，依法辦理。至屬買方營業人尚未申報案件，則由賣方營業人向主管稽徵機關申請註銷錯誤之統一發票，再依交易事實重新開立正確之統一發票交付買受人，並由賣方營業人所在地主管稽徵機關通報買方營業人所在地主管稽徵機關[120]。

第四節　進口貨物

「進口貨物，應課徵營業稅。」所稱之進口，係指貨物自國外進入我國境內並向海關報關提貨者。但進入政府核定之加工出口區內之區內事業、科學工業園區內之園區事業及海關管理之保稅工廠或保稅倉庫者，不包括在內。至於國際間之轉口貿易，如未辦理進口報關程序，亦不屬營業稅之課稅範圍。

　　惟加工出口區內之區內事業、科學工業園區內之園區事業及海關管理之保稅工廠、保稅倉庫或物流中心自國外進口貨物，如未申請保稅，並依關稅法規定辦理報關程序，完納各項進口稅捐，即已完成進口行為，海關應於上開貨物進口時，依法代徵營業稅[121]。

一、稅　基

---

[120]　財政部 91.9.10 台財稅字第 0910455492 號函。

[121]　財政部 90.11.12 台財稅字第 0900456959 號函。

　　進口貨物按關稅完稅價格加計進口稅捐後之數額，依營業稅法第十條規定之稅率計算營業稅額。如係應徵貨物稅或菸酒稅之貨物應再加計貨物稅額或菸酒稅額後計算營業稅額。

　　依關稅法第六十七條規定加徵的特別關稅，亦屬進口稅捐，因此，應將特別關稅計入稅基以計算營業稅額。

　　進口貨物之營業稅額計算方式如下：

營業稅額＝〔關稅完稅價格＋進口稅捐（含特別關稅）＋貨物稅或菸
　　　　　酒稅（不含菸品健康福利捐）〕×營業稅稅率

二、申報時點

　　進口供營業上使用之貨物經海關代徵營業稅者，應以海關核發之代徵營業稅繳納證扣抵聯所載銀行收款日期之所屬期（月），申報進項金額及稅額，據以扣抵銷項稅額。

　　營業人因進口新鮮貨物不及等候海關驗估完稅價格，而申請「先放後稅」，繳納押金後即予放行，其進口貨物營業稅之申報，應按營業稅繳納日期之所屬期（月）申報。營業人委託快遞業者以「簡易申報」方式申報進口之快遞貨物，並由海關核發「海關進口快遞貨物稅費繳納證明」，營業人毋需再向銀行繳納，即可持已註記繳款日期之稅費繳納證扣抵聯，申報扣抵銷項稅額❷。

　　依據營業稅法施行細則第二十九條規定，進項稅額扣抵憑證如於當期（月）未提出扣抵者，得延至次期，次期仍未申報者，應於申報扣抵當期敘明理由。進口稅費繳納證係屬進項憑證之一種，自可依上開規定之期限申報，惟該等扣抵資料與海關繳款資料之勾稽，係採按期逐筆勾稽之方式，逾期申報扣抵者將產生交查不符之情形，徒增徵納雙方之查對手續，允宜於當期申報。

---

❷　財政部91.8.5台財稅字第0910453729號函。

三、進口貨物退運或折讓

營業人因進口貨物退運或折讓，取得海關核退進口貨物溢繳之營業稅額，屬進項稅額之減少，其與營業人因進貨退出或折讓而收回營業稅額之性質相同，故營業人已持憑海關代徵營業稅繳納證扣抵聯申報扣抵銷項稅額者，如取得海關核退進口貨物溢繳之營業稅額，應自行填具「海關退還溢繳營業稅申報單」，於海關退稅當期（月）之進項稅額中扣減之❷。

四、先放後稅之押金收據

經核准依關稅法第十九條規定提供相關金額擔保或自行具結先行驗放之案件，如屬應徵營業稅者，其營業稅應併入保證金，待應納稅額核定後再予抵繳。間有營業人誤以押金收據作為進口稅費繳納證申報，因該押金收據非屬載有營業稅額之憑證，不得申報扣抵，如經查核發現誤扣抵者，應依虛報進項稅額論處。

五、特殊進口貨物申報

⑴運至國外修理、裝配、加工復運進口

依關稅法第三十七條第一款規定，運往國外修理、裝配或加工之貨物復運進口者，該修理、裝配之貨物，應以其修理、裝配所需費用核估關稅完稅價格，海關並據以計算代徵之營業稅額。至運往國外免費修理之貨物，符合關稅法施行細則第二十條第一項規定，於復運進口免徵關稅者，其營業稅比照免徵。

⑵租賃之進口貨物

依關稅法第三十八條第一項規定，進口貨物係租賃或負擔使用費而

---

❷　財政部 92.1.10 台財稅字第 0910456851 號函。

所有權未經轉讓者，其完稅價格，根據租賃費或使用費加計運費及保險費估定，海關依據上開完稅價格計算營業稅額，依法代徵之。

(3)貨樣、科學研究用品、展覽、表演用品等，於進口後六個月內出口或出口後一年內進口

依關稅法第五十二條規定，應徵關稅之貨樣、科學研究用品、試驗用品、展覽物品、遊藝團體服裝、道具、攝製電影電視之攝影製片器材、安裝修理機器必需之儀器、工具、盛裝貨物用之容器，進口整修、保養之成品及其他經財政部核定之物品，在進口之翌日起六個月內或於財政部核定之日期前，原貨復運出口者，免徵關稅。又上述物品在出口之翌日起一年內或於財政部核定之日期前，原貨復運進口者，依同法第五十三條規定，免徵關稅。其營業稅亦均比照免徵。

(4)郵包或入境旅客攜帶貨物在新臺幣 3,000 元以內

進口之郵包物品，其數量零星經海關核明屬實，且其完稅價格在新臺幣 3,000 元以內者，依關稅法第四十九條第一項第十五款之規定免徵進口稅。但為因應緊急狀況需要，財政部得公告於一定期間內進口之特定物品，不受完稅價格新臺幣 3,000 元以內免稅之限制。前述免徵進口稅之郵包物品不包括菸酒在內❷。

(5)進口貨物應納營業稅之記帳及沖銷營業稅

依營業稅法第四章第一節規定計算稅額且專營應稅貨物或勞務之外銷廠商，其自國外直接進口原料，並自行出口至國外者，其進口原料應納之營業稅, 得依外銷品沖退原料稅辦法第十五條規定辦理自行具結記帳。

第五節　購買國外勞務

外國之事業、機關、團體、組織，在中華民國境內未設有固定營業

---

❷　郵包物品進口免稅辦法第二條規定。

場所，而有銷售勞務者，如承建工程、提供技術服務、銷售軟體、專利權、商標權或秘密方法等，為該外國事業在我國境內銷售勞務，均應課徵營業稅。其報繳方式分述如下：

一、報繳時點

外國之事業、機關、團體、組織，在中華民國境內，無固定營業場所而有銷售勞務者，應由勞務買受人於給付報酬之次期開始十五日內報繳。

外國國際運輸事業在中華民國境內有銷售勞務，且在中華民國境內無固定營業場所而有代理人者，應由其代理人於載運客、貨出境之次期開始十五日內報繳。

二、繳納方式

個人、非營業人或依營業稅法第四章第二節計算稅額之營業人，購買國外勞務，應就給付額按一般稅率 5% 計算營業稅額，並自行向公庫繳納，但給付外國保險業之再保費適用稅率為 1%。

依營業稅法第四章第一節計算稅額之營業人，其購買國外勞務專供經營應稅貨物或勞務之用者，因其購進勞務所繳納之稅額，同時亦為其可扣抵之進項稅額，為簡化手續，故免予繳納；至兼營營業人，購進之勞務兼供應稅及免稅貨物使用，應就給付額依兼營營業人營業稅額計算辦法之規定，計算應納稅額，分別填寫於營業人銷售額與稅額申報書之「購買國外勞務之稅額計算欄」自動報繳。稅額計算方式詳參本章第六節。

在中華民國境內無固定營業場所之外國國際運輸事業，其代理人應於載運客、貨出境之次期開始十五日內，就銷售額按一般稅率 5% 計算營業稅額，並依營業稅法第三十五條規定自動報繳。但如該外國國際運輸事業所屬國家對我國國際運輸事業給予零稅率優惠者，則其銷售額適用零稅率。

三、特別規定

在我國境內設有固定營業場所之外國營利事業銷售勞務與我國境內買受人，應由該設有固定營業場所之外國營業人開立統一發票，依法報繳營業稅。上述固定營業場所如經收銷售勞務之代價，應依營業稅法營業人開立銷售憑證表規定辦理，如未經收代價者，應於勞務買受人結匯後十日內開立❿。例如臺灣某學術機構直接向美國微軟總公司購買軟體，微軟公司臺灣分公司雖未參與銷售業務及經手價款，仍應開立統一發票予該學術機構。

第六節　稅額計算

營業稅之稅額計算方式分為：①一般稅額計算之營業人課徵加值型營業稅；②特種稅額計算之營業人課徵非加值型營業稅；③兼營一般稅額計算及特種稅額計算或免稅銷售額者，則依兼營營業人營業稅額計算辦法規定辦理；④專營免稅之營業人銷售貨物或勞務免收營業稅，其進項稅額亦不得申請退還。

一、一般計稅營業人

依營業稅法第四章第一節計算稅額之營業人銷售貨物或勞務，應就銷售額，分別按營業稅法第七條零稅率（稅率為0%）或第十條一般稅率（目前徵收率為5%）計算其銷項稅額，尾數不滿通用貨幣1元者，按四捨五入計算。

所稱「銷項稅額」，係指營業人銷售貨物或勞務時，依規定應向買受

---

❿　財政部 75.9.23 台財稅第 7522795 號函、財政部 77.9.17 台財稅第 770661420號函。

人收取之營業稅額。

　　營業人當期銷項稅額扣減進項稅額後之餘額，為當期應納或溢付營業稅額。

二、特種計稅營業人

1.金融業專屬本業

　　銀行業、保險業、信託投資業、證券業、期貨業、票券業及典當業，就其專屬本業之銷售額按 2% 稅率計算營業稅額。但自中華民國九十五年一月起，免徵營業稅。其立法理由乃因金融業係按銷售總額課徵營業稅，其進項稅額不得扣抵，致其營業稅稅負相對於國內其他行業較為偏重；又實施加值型營業稅國家，大多對金融業之主要金融勞務及保險勞務，免徵加值稅，故我國金融業之營業稅稅負亦較國外同業為重，為配合發展我國成為亞太金融中心，故調降金融業經營專屬本業之銷售額所適用之稅率。

2.金融業非專屬本業

　　銀行業、保險業、信託投資業、證券業、期貨業、票券業及典當業，經營非專屬本業之銷售額適用營業稅法第十條規定之營業稅稅率，現行之徵收率為 5%。

　　金融業經營非專屬本業之銷售額，因與其他一般行業經營相同業務之性質相同，允應適用相同之稅率；另銀行業、保險業、信託投資業，經營非專屬本業之銷售額部分，得申請按進銷差額課徵營業稅，俾能享受扣抵進項稅額之權利。

　　但為防杜營業人取巧隨時變更計稅方式規避稅負，例如：大量購買固定資產之前申請按進銷差額課徵，於取得退稅款後，再申請改按銷售總額課徵，故申請核准依照營業稅法第四章第一節規定計算營業稅額者，三年內不得申請變更。

3.特種飲食業

　　因特種飲食業屬奢侈性消費，基於寓禁於徵之政策目的，其適用之稅率較一般營業人為高，夜總會、有二人以上職業性表演娛樂節目之餐飲店，就銷售總額按稅率 15% 計徵營業稅；酒家及有女性陪侍之茶室、咖啡廳、酒吧等，就銷售總額按稅率 25% 計徵營業稅。

三、兼營一般稅額計算及免稅、特種稅額之營業人

　　所謂兼營營業人，係指依營業稅法第四章第一節規定計算稅額之營業人，兼營應稅及免稅貨物或勞務者，或兼依營業稅法第四章第一節及第二節規定計算稅額者。其稅額計算方式，略述如下：

1.不得扣抵比例

　　兼營營業人當期或當年度進項稅額不得扣抵銷項稅額之比例（以下簡稱不得扣抵比例），係指各該期間免稅銷售淨額及特種銷售淨額，占全部銷售淨額之比例。但土地及各級政府發行之債券及依法應課徵證券交易稅之證券之銷售額，不列入計算。計算公式如下：

不得扣抵比例（小數點以下不計）＝

$$\frac{免稅銷售額 + 特種稅額銷售額 - 土地及證（債）券銷售額}{銷售額總計 - 土地及證（債）券銷售額}$$

2.比例扣抵法

　　兼營營業人購進之貨物或勞務供銷售應稅、零稅率、免稅貨物或勞務及依特種計算稅額之營業共同使用者，應就其所有進項稅額排除營業稅法第十九條第一項規定不得扣抵之進項稅額後，按不得扣抵比例依下列公式計算當期應納或溢付營業稅額：

應納或溢付稅額＝銷項稅額－（進項稅額－依營業稅法第十九條第一項規定不得扣抵之進項稅額）×（1－當期不得扣抵比例）

3.直接扣抵法

　　部分兼營營業人進項稅額之用途，多供銷售應稅貨物或勞務使用，

而供銷售免稅貨物或勞務使用之進項稅額極少，且免稅銷售額占全部銷售額之比例較高時，則其因兼營免稅銷售額或特種銷售額，而依比例扣抵法計算得扣抵稅額之結果，將使得可扣抵稅額極少，確有不盡公平合理之處。

　類此兼營營業人如無積欠已確定之營業稅及罰鍰，且帳簿記載完備，能明確區分所購買貨物、勞務或進口貨物之實際用途者，得向稽徵機關申請核准採用直接扣抵法，按貨物或勞務之實際用途計算進項稅額可扣抵銷項稅額之金額及購買營業稅法第三十六條第一項勞務之應納稅額。經核准採用直接扣抵法者，於核准後三年內不得申請變更改採比例扣抵法。

　營業未滿三年之兼營營業人，如於營業期間無積欠已確定之營業稅及罰鍰，且帳簿記載完備，能明確區分所購買貨物、勞務之實際用途者，亦可向稽徵機關申請核准採用直接扣抵法❶❷❻。

　兼營營業人經核准採用直接扣抵法計算營業稅額者，應自核准之月份起開始適用，並於次期十五日內申報該期銷售額時按直接扣抵法計算應納營業稅額❶❷❼。

　經申請核准由總機構合併總繳並核准採用直接扣抵法計算營業稅額之兼營營業人，嗣後因故改採分繳營業稅者，其總機構及所有分支機構（含日後新增之分支機構），准予繼續採用直接扣抵法計算營業稅額，僅須檢附總機構經核准採用直接扣抵法文件備查，毋須另行逐一申請核准❶❷❽。

　經核准採用直接扣抵法之兼營營業人，應依下列規定計算營業稅額：

(1)兼營營業人應將購買貨物、勞務或進口貨物、購買國外之勞務之用途，區分為下列三種，並於帳簿上明確記載：

①專供經營營業稅法第四章第一節規定應稅（含零稅率）營業用（以

---

❶❷❻　財政部 84.3.15 台財稅第 841612272 號函。
❶❷❼　財政部 84.12.6 台財稅第 841660730 號函。
❶❷❽　財政部 88.03.04 台財稅第 881901218 號函。

下簡稱專供應稅營業用）者。

②專供經營免稅及依營業稅法第四章第二節規定計算稅額營業用
（以下簡稱專供免稅營業用）者。

③供前二項共同使用（以下簡稱共同使用）者。

例如飲料及麵粉之製造廠商，其銷售飲料為應稅銷售額，銷售麵粉
則為免稅銷售額，購進飲料原料之進項稅額為專供應稅使用，購進麵粉
之機器設備為專供免稅營業用，但該廠之水電費之進項稅額為供共同營
業使用，則其進貨費用之入帳分錄如下：

```
借：飲料原料              50,000
    進項稅額——應稅用       2,500
  貸：應付帳款                      52,500
借：麵粉機器設備        1,000,000
    進項稅額——免稅用      50,000
  貸：應付票據                    1,050,000
借：水電費               20,000
    進項稅額——共同使用     1,000
  貸：銀行存款                      21,000
```

以上分錄入帳方式之目的，係要將進項稅額之用途明確區分，並按
每月結算之各類進項稅額，分別歸認，其屬專供應稅、零稅率營業用之
進項稅額，除屬營業稅法第十九條第一項不得扣抵之項目外，全數可申
報扣抵；其屬專供免稅、特種銷售額營業用之進項稅額，全數不得扣抵；
供共同使用之進項稅額，則按比例計算得扣抵之進項稅額。

(2)當期應納或溢付營業稅額之計算公式如下：

應納或溢付稅額＝銷項稅額－（進項稅額－依營業稅法第十九條第
　　　　　　　　一項規定不得扣抵之進項稅額－專供免稅營業
　　　　　　　　用貨物或勞務之進項稅額－供共同使用貨物或
　　　　　　　　勞務之進項稅額×當期不得扣抵比例）

4.年度調整

　　由於兼營營業人之營業狀況於年度內經常變動，每期不得扣抵比例容有不同，但進項稅額憑證並無申報期限，易為人利用不得扣抵比例規避稅負，故除按當期不得扣抵比例計算得扣抵進項稅額外，於報繳當年度最後一期營業稅時，應按當年度不得扣抵比例調整稅額，併同最後一期營業稅額辦理申報繳納，以求公平、合理。

(1)採比例扣抵法者調整稅額之計算公式如下：

　　調整稅額＝當年度已扣抵之進項稅額－（當年度進項稅額－當年度依營業稅法第十九條第一項規定不得扣抵之進項稅額）×（1－當年度不得扣抵比例）

(2)採直接扣抵法者調整稅額之計算公式如下：

　　調整稅額＝當年度已扣抵之進項稅額－（當年度進項稅額－當年度依營業稅法第十九條第一項規定不得扣抵之進項稅額－當年度專供免稅營業用之貨物或勞務之進項稅額－當年度供共同使用之貨物或勞務之進項稅額×當年度不得扣抵比例）

　　採直接扣抵法之兼營營業人於調整報繳當年度最後一期之營業稅，具有下列情形之一者，應經會計師或稅務代理人查核簽證：

(1)經營製造業者。

(2)當年度銷售金額合計逾新臺幣 10 億元者。

(3)當年度申報扣抵之進項稅額合計逾新臺幣 2,000 萬元者。

　　兼營營業人如非年度新設立或於年度中成為兼營營業人未滿九個月者，其於年度中辦理停、復業，不論當年度實際營業期間是否已滿九個月，均應依兼營營業人營業稅額計算辦法第七條第一項規定於當年度最後一期辦理年度調整申報❷。

---

❷　財政部 89.7.29 台財稅第 890455162 號函。

　　會計年度非採曆年制之兼營營業人，得向主管機關申請核備，於報繳該會計年度最後月份所屬之當期營業稅時，依兼營營業人營業稅額計算辦法相關規定，辦理該會計年度之營業稅年度調整申報❿。

5.兼營營業人購買國外勞務

(1)採比例扣抵法

　　兼營營業人購買國外勞務，應於給付報酬之次期十五日內依下列公式計算其應納營業稅額，併同當期營業稅額申報繳納：

$$應納稅額 = 給付額 \times 徵收率 \times 當期不得扣抵比例$$

　　年度終了，兼營營業人應就當年度之購買國外勞務，依下列公式辦理年度調整，併同最後一期銷售額與稅額申報：

$$調整稅額 = 當年度購買國外勞務給付額 \times 徵收率 \times 當年度不得$$
$$扣抵比例 - 當年度購買國外勞務已納營業稅額$$

(2)採直接扣抵法

　　兼營營業人購買國外勞務，應於給付報酬之次期十五日內依下列公式計算應納營業稅額，併同當期營業稅額申報繳納：

$$應納稅額 = 專供免稅營業用國外勞務之給付額 \times 徵收率 + 共同$$
$$使用國外勞務之給付額 \times 徵收率 \times 當期不得扣抵比例$$

　　年度終了，兼營營業人應就當年度購買國外勞務，依下列公式辦理年度調整，併同最後一期銷售額與稅額申報：

$$調整稅額 = (當年度購買專供免稅營業用國外勞務給付額 + 當年$$
$$度購買供共同使用國外勞務給付額 \times 當年度不得扣抵$$
$$比例) \times 徵收率 - 當年度購買國外勞務已納營業稅額$$

6.變更計稅、報繳方式之調整

　　兼營營業人原採比例扣抵法，於年度中經核准採用直接扣抵法計算營業稅額者，其當年度已經過期間，應於改採直接扣抵法前報繳稅款之

---

❿　財政部 88.01.28 台財稅第 881895463 號函。

當期，視為當年度最後一期，辦理年度調整。

　　例如某一兼營營業人原採比例扣抵法，經稽徵機關核准自九月一日起採用直接扣抵法，則其在申報七、八月份之銷售額與稅額時，應就其一至八月之銷售額先行辦理調整。

　　又如兼營營業人原經核准採用總分支機構合併總繳之方式申報繳納，嗣又申請撤銷總繳，並經財政部核准自七月一日起分別報繳，則其在申報五、六月份之銷售額與稅額時，應就其一至六月之銷售額先行辦理調整。

7.股利收入

　　營業稅係以在中華民國境內銷售貨物或勞務及進口貨物為課徵標的，股利收入非屬營業稅課稅範圍。蓋如允許股利收入免予列入計算依法不得扣抵比例，則與股利收入有關費用之進項稅額，均准予全數扣抵，使其相關進項費用完全無租稅負擔，而就專營投資業務者而言，除鼓勵收入外，均無任何銷售額，其進項稅額完全不能扣抵，兩者相較，顯有失公平，且將誘使專營投資業務者藉銷售少數應稅貨物或勞務而成為兼營投資業務之營業人，而其進項稅額卻得以悉數扣抵，規避稅負，自非合理[131]。因此，兼營投資業務之營業人於年度中所收之股利收入，應列入免稅銷售額，但為簡化報繳手續，得暫免列入當期之免稅銷售額申報，俟年度結束，將全年收取之股利收入，彙總列入當年度最後一期之免稅銷售額，申報計算應納或溢付稅額，並依「兼營營業人營業稅額計算辦法」之規定，按當年度不得扣抵比例計算調整稅額，併同繳納[132]。

　　應列入股利收入之範圍為投資國內營利事業取得之現金股利、未分配盈餘轉增資配股（包含強制歸戶股利與緩課所得稅股票股利）、投資國外營利事業取得之股利收入及購買受益憑證分配之股利。但不含資本公

---

[131] 司法院大法官會議釋字第 397 號解釋。

[132] 財政部 78.5.22 台財稅第 780651695 號函。

積轉增資配股；又兩稅合一實施後，兼營投資業務之營業人依所得稅法第四十二條第一項規定於年度中所收之股利收入，應以股利憑單之股利淨額申報免稅銷售額❸。

　　兼營投資業務之營業人於年度中經核准採用直接扣抵法計算調整應納稅額者，於改採直接扣抵法前報繳稅款之當期，視為當年度最後一期，辦理調整時，其於核准前取得之股利收入，免予彙總加入計算調整稅額。至其於報繳當年度最後一期❹營業稅時，如因年度中改採直接扣抵法計算營業稅額之期間未滿九個月者，當年度免辦理調整，俟次年度最後一期依「直接扣抵法」辦理計算調整應納稅額時，再將上年度全年股利收入彙總加入併同辦理調整❺。

　　例如一營業人經核准自民國九十三年七月採用直接扣抵法，雖於該年五月取得股利收入，其於辦理當年度一至六月稅額調整時，免將該筆股利收入列入免稅銷售額申報；又其於申報九十三年最後一期營業稅時，因改採直接扣抵法之期間為六個月，未滿九個月，免辦理調整，則其在申報九十四年最後一期營業稅時，應將九十三及九十四年所取得之股利收入，一併列入九十四年最後一期調整申報。

8.免予調整

　　兼營營業人於年度中開始營業，或因變更營業項目等原因而成為兼營營業人，其當年度實際營業期間或兼營期間未滿九個月者，當年度免辦調整，俟次年度最後一期併入調整之。

　　兼營營業人於年度中適用直接扣抵法計算營業稅額之期間未滿九個月者，當年度免辦調整，俟次年度最後一期再併入調整之。

---

❸　財政部 91.10.21 台財稅字第 0910456083 號函。

❹　不論會計年度係採曆年制、七月制或四月制者，均於其會計年度之最後一期。

❺　財政部 91.5.15 台財稅字第 0910452843 號函。

四、專營免稅之營業人

專營免稅業務之營業人，其進項稅額不得申請退還，為營業稅法第十九條第二項所明定。其既屬專營免稅銷售額，當無銷項稅額，進項稅額亦不得申請退還，惟如經核定自動申報之營業人，除屬得免予申報者外，仍應申報其免稅銷售額。茲就相關規定簡述如下：

1.土地開發公司

專營土地開發出售土地之營業人，其因開發土地所支付之進項稅額，依法不得申請退還❿。

2.證券投資公司

公司專營投資業務，除股利收入外，既無應稅或零稅率銷售額，當期或當年度取得進項憑證所支付之進項稅額，依規定不得申報扣抵或退還❿。

3.專營其他免稅貨物或勞務

營業人從事文化藝術活動依「文化藝術事業減免營業稅及娛樂稅辦法」經申請認可，免徵營業稅，雖非依營業稅法第八條第一項規定免徵，惟既同屬銷售免徵營業稅之貨物或勞務，其有關之進項稅額自不得扣抵或退還，如有兼營應稅及上述免稅銷售額者，仍應依「兼營營業人營業稅額計算辦法」規定辦理，以維稅制並符公平原則❿。

---

❿　財政部 80.10.11 台財稅第 800382378 號函。
❿　財政部 77.9.1 台財稅第 770118670 號函。
❿　財政部 88.6.22 台財稅第 881922770 號函。

關鍵詞

◎銷售額　◎時價　◎銷項稅額　◎進項稅額　◎進貨退出（銷貨退回）或折讓　◎兼營營業人　◎比例扣抵法　◎直接扣抵法　◎進口貨物稅基　◎購買國外勞務給付額

自我評量

1. 何謂銷售額？交易雙方沖抵的費用，能否按淨額列計銷售額？
2. 何種收入項目非屬銷售額，免予計算營業稅？
3. 各種視為銷售之銷售額應如何認定？試分述之。
4. 土地與房屋合併銷售時，應如何計算房屋之銷售額？試舉例說明。
5. 進項扣抵憑證應具備何種外觀條件？
6. 營業稅法第十九條規定何種進項憑證不得申報扣抵銷項稅額？
7. 進項稅額憑證申報扣抵期限為何？進貨退出（銷貨退回）或折讓證明單應如何開立？對銷售人及進貨人而言，其申報期限各為何？
8. 進口貨物之稅基為何？營業人應於何時向稽徵機關申報進口稅費繳納證？
9. 營業人購買國外勞務應如何報繳營業稅？非營業人或依營業稅法第四章第二節計算稅額之營業人購買國外勞務又應如何報繳營業稅？
10. 何謂兼營營業人？其稅額計算方法有哪二種？試說明其適用條件及計算方式。
11. 兼營營業人何以必須調整稅額？應於何時辦理調整稅額？何種情形得免辦調整？
12. 何種情形下，採用直接扣抵法之營業人在年終調整申報時必須經會計師或稅務代理人查核簽證申報營業稅？

第十章　營業稅稽徵程序

一、營業登記

1.設立登記

法人如同自然人一般，必須先辦理法人登記，始具有人格，其屬公司法人者，應先辦理公司登記。具有人格之法人如有銷售貨物或勞務行為，即為營業人，該營業人必須在營業前辦理營業登記，未經登記者不得擅自營業。如屬獨資、合夥組織者，應先辦理商業登記。如非屬公司、獨資或合夥組織者，應逕向所在地主管稽徵機關申請辦理營業登記。

營業登記為確立稅籍及核課稅捐之前置工作，營業人依法納稅之前須履行登記之義務，舉凡營業人之總機構及管理處、事務所、工廠、保養廠、工作場、機房、倉棧、礦場、建築工程場所、展售場所、連絡處、辦事處、服務站、營業所、分店、門市部、拍賣場及類似之其他固定場所，除僅供生產、聯絡採購或展示使用，完全未對外營業者，免辦營業登記外，如有接受訂單、收取銷售款項等銷售行為，均屬固定營業場所。

營業人之固定營業場所有下列情形之一者，均應於開始營業前，依規定申請設立登記：

(1)新設立。

(2)因合併而另設立。

(3)因受讓而設立。

(4)因變更組織而設立。

(5)設立分公司❶❸❾。

　　為提供便民服務及利於管理，以往營利事業登記採統一發證制度，亦即將商業登記、營業登記及其他法令應辦理之登記，一次收件、合併審理，符合規定者發給營利事業登記證。惟鑒於營業人申請營利事業登記時，雖經各目的事業主管機關及相關機關審核符合各項法規，事後登記事項如有變更，卻怠於辦理變更或註銷登記，形成登記管理之漏洞，故經濟部將改採登記從寬管理從嚴之方式，並廢止營利事業統一發證制度。

　　營利事業統一發證制度如經廢止以後，凡適用公司登記之公司或商業登記之獨資及合夥組織營業人，向公司登記機關或商業登記機關申請公司登記或商業登記後，免再向稽徵機關申請營業登記，並由主管稽徵機關，依據公司登記或商業登記主管機關提供登記之基本資料，辦理營業登記事項，並據以作成核定處分。登記文件如有欠缺者，再由稽徵機關通知營業人補正，並視為已依營業稅法第二十八條規定申請辦理營業登記，不適用營業稅法第四十五條有關未依規定申請營業登記處罰之規定❶❹❶。

　　依法令得免辦公司登記或商業登記者，亦即非屬公司、合夥、獨資組織之事業、機關、團體、組織等，應依規定填具申請書直接向所在地主管稽徵機關申請營業登記。

2.變更或註銷登記

---

❶❸❾　營業稅法第二十八條及營業登記規則第二條規定。

❶❹❶　營業登記規則第二條規定。

　　營業登記事項如有變更者，或因解散、廢止、轉讓或與其他營業人合併而消滅者，應自事實發生之日起十五日內，分別填具變更登記申請書或註銷登記申請書及檢附有關證件，向所在地稽徵機關申請變更登記或註銷登記。但遷移地址者應向遷入地稽徵機關申請變更登記。

　　公司組織之營業人對於已登記事項申請變更登記或註銷登記者，應於辦妥公司變更或解散之日起十五日內為之。

　　營業人申請變更登記，如有欠繳營業稅而未繳清欠稅或提供擔保者，應暫緩准予變更。但因合併、增資或營業種類變更而申請變更登記者，不在此限❹。

　　營業人申請減資登記或註銷登記，如有欠繳各項應納稅捐或未提供擔保者，應通知主管機關限制其減資或註銷之登記❹。

3.停業或復業登記

　　營業人暫停營業，應於停業前，向主管稽徵機關申報核備；復業時，亦同❹。營業人申報停業期間不得超過一年，但有正當理由於停業期間屆滿前申報展延停業日期，經主管稽徵機關核准者，不在此限。營業人未依前項規定申報停業、復業者，主管稽徵機關應按擅自歇業處理，通知繳清欠稅及違章罰鍰或提供擔保後，通報公司或商業登記主管機關撤銷其公司或商業登記。

二、免辦登記規定

　　基於簡化稅務行政與便民之目的，專營下列貨物或勞務者，得免辦營業登記：

　　(1)供應農田灌溉用水者。

　　(2)提供醫療勞務、藥品、病房之住宿及膳食之醫院、診所、療養院。

---

❹　營業稅法第三十條規定。
❹　稅捐稽徵法第二十四條第一項規定。
❹　營業稅法第三十一條規定。

(3)提供育、養勞務之托兒所、養老院、殘障福利機構。

(4)提供教育勞務及政府委託代辦文化勞務之學校、幼稚園及其他教育文化機構。

(5)職業學校不對外營業之實習商店。

(6)標售或義賣貨物及舉辦義演，其收入除支付標售、義賣之必要費用外，全部供該事業本身使用且依法組織之慈善救濟事業。

(7)政府機關、公營事業及社會團體依有關法令組設經營不對外營業之員工福利機構。

(8)銷售貨物或勞務之監獄工廠及其作業成品售賣所。

(9)依法經營業務及辦理政府核定代辦業務之郵政、電信機關。

(10)代銷印花稅票或郵票勞務者。

(11)肩挑負販沿街叫賣者。

(12)農民或農地出租人專營銷售其收穫或佃租收入之農、林、漁、牧產物、副產物者，得免辦營業登記；但專營銷售飼料及未經加工之生鮮農、林、漁、牧產物之營業人，仍應依所得稅法第十八條規定辦理登記。

(13)銷售捕獲魚介之漁民。

(14)經主管機關核准設立之學術、科技研究機構。

(15)各級政府機關。

(16)其他經財政部核定免辦營業登記之行業。

例如：

①利用自己原有住宅,以提供勞務為主(包括人力或應用簡單機器)，不僱用家庭成員以外人員，接受廠商或合作社之委託加工，而不直接對外銷售其產品，並不具備營利事業型態者，為家庭手工藝副業，非屬營利事業，均免辦營業登記，並免徵營業稅❿。

---

❿　財政部 63.4.20 台財稅第 32628 號函。

②個人利用自用住宅從事理髮、燙髮、美容、洋裁等家庭手工藝副業，如未具備營業牌號，亦未僱用人員，及其每月銷售額未達營業稅起徵點者，准予免辦營業登記❿。但利用自宅從事早餐店、麵攤、點心及泡沫紅茶店者，非屬個人手工藝性質，不適用上開免辦營業登記之規定❿。

③茶農將自行生產之茶菁利用器械設備加工出售者，應免辦營業登記。如向其他茶農購買茶菁或粗製茶加工出售或接受他人委託加工，具備營利事業型態者，應辦理營業登記❿。

三、稅籍管理

　　營業稅稅籍資料為稽徵機關核課營業稅之基本資料，稽徵機關依營業人申請文件、公司登記、商業登記主管機關傳送之檔案文件及稽徵機關依其營業狀況核定之稅籍資料，登錄於電腦，透過電腦作業系統管理營業人之稅籍資料。

　　為維持營業人稅籍檔案資料之正確性，稽徵機關隨時根據營業人動態釐正電腦檔案，作為供查詢、統計及分析之用。

第二節　帳簿之設置

　　為促使保持足以正確計算其銷售額及營利事業所得額之帳簿憑證及會計紀錄，營利事業應依稅捐稽徵機關管理營利事業會計帳簿憑證辦法規定，設置帳簿、書立及取得憑證並記載會計事項❿。

---

❿　財政部 78.4.6 台財稅第 781143103 號函。
❿　財政部 93.1.16 台財稅字第 0920457998 號函。
❿　財政部 72.9.14 台財稅第 36491 號函。
❿　稅捐稽徵機關管理營利事業會計帳簿憑證辦法規定。

一、營利事業應設置之帳簿

(1)凡實施商業會計法之營利事業，應依下列規定設置帳簿：

①買賣業：日記簿、總分類帳、存貨明細帳及其他必要之補助帳簿。

②製造業：日記簿、總分類帳、原物料明細帳（或稱材料明細帳）、在製品明細帳、製成品明細帳、生產日報表❹及其他必要之補助帳簿。

③營建業：日記簿、總分類帳、在建工程明細帳、施工日報表❺及其他必要之補助帳簿。

④勞務業及其他各業：日記簿、總分類帳、營運量紀錄簿❺及其他必要之補助帳簿。

(2)不屬實施商業會計法範圍而須使用統一發票之營利事業，應依下列規定設置帳簿：

①買賣業：日記簿、總分類帳、存貨明細帳或存貨計數帳。

②製造業：日記簿、總分類帳、原物料明細帳或原物料計數帳、生產紀錄簿。

③勞務業及其他各業：日記簿、總分類帳、營運量紀錄簿。

(3)營利事業總機構以外之其他固定營業場所採獨立會計制度者，應依前二項規定設置帳簿，其未採獨立會計制度者，應按其業別設置下列帳簿：

①買賣業：零用金（或周轉金）登記簿、存貨明細帳。

②製造業：零用金（或周轉金）登記簿、原物料明細帳、製成品明

---

❹ 記載每日機器運轉時間、直接人工人數、原料領用量及在製品與製成品之生產量等資料。

❺ 記載工程每日有關進料、領料、退料、工時及工作紀錄等資料。

❺ 如貨運業之承運貨物登記簿（運輸單）、旅館業之旅客住宿登記簿、娛樂業之售票日計表、漁撈業之航海日程統計表等是。

　　　　細帳或生產紀錄簿及生產日報表。

　　③營建業：零用金（或周轉金）登記簿、在建工程明細帳、施工日報表。

　　④勞務業及其他各業：零用金（或周轉金）登記簿、營運量紀錄簿。

(4)凡經核定免用統一發票之小規模營利事業，得設置簡易日記簿一種。

(5)一般性規定

　　①攤販得免設置帳簿。

　　②營利事業設置之日記簿及總分類帳兩種主要帳簿中，應有一種為訂本式。但採用電子計算機處理帳務者，不在此限。

　　③適用商業會計法之營利事業，其會計組織健全，使用總分類帳科目日計表者，得免設置日記帳。

二、營利事業帳簿之記載

(1)營利事業設置之帳簿，應按會計事項發生之次序逐日登帳，至遲不得超過二個月。其期限自會計事項發生書立憑證之次日起算。其屬其他固定營業場所之會計事項，應自其他固定營業場所報表或憑證送達之日起算。

(2)帳簿中之人名帳戶，應載明其自然人、法人或營利事業之真實姓名或名稱，並應在分戶帳內，註明其地址。其屬共有人之帳戶，應載明代表人真實姓名或名稱及地址。

(3)帳簿中之財物帳戶，應載明其名稱、種類、價格、數量及其存放地點。

(4)帳簿之記載，除記帳數字適用阿拉伯字外，應以中文為主。但需要時得加註或併用外國文字。

(5)記帳本位，應以新臺幣為主，如因業務需要而以外國貨幣記帳，仍應在其決算表中將外國貨幣折合新臺幣。但商業如因業務需要，其財務報表得以新臺幣與外幣併列方式編製。

三、營利事業帳簿之保管

(1)營利事業之帳簿憑證，除為緊急避免不可抗力災害損失，或有關機關因公調閱或送交合格會計師查核簽證外，應留置於營業場所，以備主管稽徵機關隨時查核。

(2)營利事業設置之帳簿，除有關未結會計事項者外，應於會計年度決算程序辦理終了後，至少保存十年。但因不可抗力之災害而毀損或滅失，報經主管稽徵機關查明屬實者，不在此限。帳簿於當年度營利事業所得稅結算申報經主管稽徵機關調查核定後，除有關未結會計事項者外，得報經主管機關核准後，以縮影機或電子計算機磁鼓、磁碟、磁片、磁帶、光碟等媒體，按序縮影或儲存後，依前項規定年限保存，其帳簿得予銷毀。但主管稽徵機關或財政部指定之調查人員依法進行調查時，如須複印帳簿，該營利事業應負責免費複印提供。

(3)因合併而消滅之營利事業，其帳簿憑證及會計紀錄之保管，應由合併後存續或另立之營利事業負責辦理。因分割而消滅之營利事業，其帳簿憑證及會計紀錄之保管，應由受讓營業之出資範圍最高之既存或新設之營利事業負責辦理。但經協議保管人者，從其協議。

第三節　統一發票之使用

一、免用統一發票[152]

　　營業人除合於下列規定之一者，得免用或免開統一發票外，主管稽徵機關應核定其使用統一發票：

---

[152]　統一發票使用辦法第四條規定。

(1)小規模營業人。

(2)計程車業及其他交通運輸事業客票收入部分。

(3)依法設立之免稅商店。

(4)供應之農田灌溉用水。

(5)醫院、診所、療養院提供之醫療勞務、藥品、病房之住宿及膳食。

(6)托兒所、養老院、殘障福利機構提供之育養勞務。

(7)學校、幼稚園及其他教育文化機構提供之教育勞務,及政府委託代辦之文化勞務。

(8)職業學校不對外營業之實習商店。

(9)政府機關、公營事業及社會團體依有關法令組設經營,不對外營業之員工福利機構。

(10)監獄工廠及其作業成品售賣所。

(11)郵政、電信機關依法經營之業務及政府核定代辦之業務,政府專賣事業銷售之專賣品。但經營本業以外之部分,不包括在內。

(12)經核准登記之攤販。

(13)公用事業。但經營本業以外之部分,不包括在內。

(14)理髮業❸及沐浴業。

(15)按查定課徵之特種飲食業。

(16)依法登記之報社、雜誌社、通訊社、電視臺及廣播電臺銷售其本事業之報紙、出版品、通訊稿、廣告、節目播映、節目播出。但報社銷售之廣告及電視臺之廣告播映,不包括在內。

(17)代銷印花稅票或郵票之勞務。

(18)合作社、農會、漁會、工會、商業會、工業會依法經營銷售與社員、會員之貨物或勞務及政府委託其代辦之業務。

---

❸ 女子美髮業比照理髮業,除經稽徵機關視其能力核定使用統一發票者外,得免使用統一發票並免予申報銷售額。

⒆各級政府發行之債券及依法應課徵證券交易稅之證券。

⒇各級政府機關標售贜餘或廢棄之物資。

㉑法院、海關及其他機關拍賣沒入或查封之財產、貨物或抵押品。

㉒銀行業。

㉓保險業。

㉔信託投資業、證券業、票券業及期貨業。

㉕典當業之利息收入及典物孳生之租金。

㉖娛樂業之門票收入、說書場、遊藝場、撞球場、桌球場、釣魚場及兒童樂園等收入。

㉗外國國際運輸事業在中華民國境內無固定營業場所，而由代理人收取自國外載運客貨進入中華民國境內之運費收入。

㉘營業人取得之賠償收入。

㉙依法組織之慈善救濟事業標售或義賣之貨物與舉辦之義演，其收入除支付標售、義賣及義演之必要費用外，全部供作該事業本身之用者。

㉚經主管機關核准設立之學術、科技研究機構提供之研究勞務。

㉛農產品批發市場之承銷人。

㉜營業人直接外銷貨物或勞務予國外買受人。

㉝其他經財政部核定免用或免開統一發票者。例如：電動玩具遊樂場所、供應大眾化消費之豆漿店、冰果店、甜食館、麵食館、自助餐、排骨飯、便當及餐盒。但主管稽徵機關得視其營業性質及經營規模，具有使用統一發票能力者，核定其使用統一發票❶❺❹。

二、統一發票之種類及用途❶❺❺

統一發票分為三聯式統一發票、二聯式統一發票、特種統一發票、

---

❶❺❹　財政部 89.5.3 台財稅第 890452799 號函。

❶❺❺　統一發票使用辦法第七條規定。

收銀機統一發票及電子計算機統一發票（含電子發票）等五種，各種統一發票，必要時得經財政部核准增印副聯。有關使用範圍及各聯用途，分述如下：

(1)三聯式統一發票

專供營業人銷售貨物或勞務與營業人，並依營業稅法第四章第一節規定計算稅額時使用。第一聯為存根聯，由開立人保存，第二聯為扣抵聯，交付買受人作為依本法規定申報扣抵或扣減稅額之用，第三聯為收執聯，交付買受人作為記帳憑證。

(2)二聯式統一發票

專供營業人銷售貨物或勞務與非營業人，並依營業稅法第四章第一節規定計算稅額時使用。第一聯為存根聯，由開立人保存，第二聯為收執聯，交付買受人收執。

(3)特種統一發票

專供營業人銷售貨物或勞務，並依營業稅法第四章第二節規定計算稅額時使用。第一聯為存根聯，由開立人保存，第二聯為收執聯，交付買受人收執。

(4)收銀機統一發票

專供依營業稅法第四章第一節規定計算稅額之營業人，銷售貨物或勞務，以收銀機開立統一發票時使用。分為二聯式及三聯式收銀機統一發票，其使用與申報，依「營業人使用收銀機辦法」之規定辦理。

(5)電子計算機統一發票

供營業人銷售貨物或勞務，並依營業稅法第四章第一節規定計算稅額者，第一聯為存根聯，由開立人保存，第二聯為扣抵聯，交付買受人作為申報扣抵或扣減稅額之用，但買受人為非營業人時，由開立人自行銷燬，第三聯為收執聯，交付買受人作為記帳憑證；其供營業人銷售貨物或勞務，並依營業稅法第四章第二節規定計算稅額者，第一聯為存根聯，由開立人保存，第二聯為收執聯，交付買受人收執。

⑹電子發票

　　為因應電子商務發展，符合一定條件之營業人經稽徵機關核准者，可利用個人電腦透過網際網路傳輸統一發票（電子發票）予營業人，賣方營業人可列印電子發票之存根聯，買受之營業人可列印收執聯及扣抵聯，雙方均可下載相關檔案備查。

　　營業人於網路上銷售貨物或勞務予非營業人，得向營業登記所在地國稅局，申請將其已開立之電子計算機統一發票內容置於網頁供買受人查詢，經核准者應於網頁公布核准機關及文號，並將所開立發票資料，以簡訊或電子郵件通知買受人❺。

三、統一發票應行記載事項

　　營業人使用統一發票，應按時序開立，並於扣抵聯及收執聯加蓋統一發票專用章。依營業稅法第四章第一節規定計算稅額之營業人，於使用統一發票時，應區分應稅、零稅率或免稅分別開立，並於統一發票明細表課稅別欄註記❺。

　　營業人開立統一發票，應分別依規定格式據實載明交易日期、品名、數量、單價、金額、銷售額、課稅別、稅額及總計。其買受人為非營業人者，稅額應與銷售額合計開立。

四、憑證之開立

　　營業人銷售貨物或勞務應依「營業人開立銷售憑證時限表」規定之時限開立銷售憑證。茲就一般業別開立憑證時限，略述如後：

⑴買賣業、製造業、手工業、出版業、農林業、畜牧業、水產業、礦冶業：銷售貨物應於發貨時開立憑證，但發貨前已收之貨款部分，

---

❺　財政部 94.8.16 台財稅字第 09404546790 號令發布網路購物開立統一發票交付非營業人作業規定。

❺　統一發票使用辦法第八條規定。

應先行開立。

(2)印刷業、修理業：以交件時為限。但交件前已收價款部分，應先行開立。

(3)照相業：以交件時為限。

(4)旅宿業、理髮業、沐浴業、飲食業：以結算時為限。但憑券消費者，於售券時開立。

(5)代辦業、行紀業、技術及設計業、公證業：按約定應收價款時為限。

(6)勞務承攬業、倉庫業、租賃業、銀行業、保險業、信託投資業、證券業、典當業、期貨業、票券業：以收款時為限。但金融業非屬本業部分依其性質類似行業開立。

(7)包作業：承包土木建築工程等以自備材料或由出包人作價供售材料施工之營業人，應於工程合約所載每期應收價款時開立統一發票，如屆應收工程款時，縱未收到款項，仍應依規定開立統一發票。

以收款時為開立統一發票時限之營業人，其收受之支票，得於票載日開立統一發票❶。惟如其收受之支票無法兌現，營業人得檢附證明將原開立統一發票作廢，俟營業人實際因票據債務實現而受清償之時再行開立統一發票❶。

茲再依不同銷售方式，營業人應如何開立統一發票，分述如下：

(1)物物交換

營業人以貨物或勞務與他人交換貨物或勞務者，應於換出時，開立統一發票，其銷售額應以換出或換入貨物或勞務之時價，從高認定。

(2)分期付款

營業人以分期付款方式銷售貨物，除於約定收取第一期價款時一次全額開外，應於約定收取各期價款時開立統一發票。分期付款之銷貨，

---

❶ 統一發票使用辦法第十六條規定。

❶ 財政部89.3.17台財稅第890451116號函。

其貨物既已交付，不論買受人事後有無依約按期支付價款，仍應於約定收款時開立統一發票報繳營業稅⓰。

(3)自動販賣機

營業人以自動販賣機銷售貨物，應於收款時按實際收款金額彙總開立統一發票。

(4)派員推銷或臨時展售

營業人派出推銷人員離開營業場所銷售或定點舉辦臨時性展覽會者，應由推銷或展售人員攜帶統一發票，於銷售貨物或勞務時開立統一發票交付買受人⓱。

(5)發行禮券

營業人發行禮券者，應依下列規定開立統一發票：

①商品禮券：禮券上已載明憑券兌付一定數量之貨物者，應於出售禮券時開立統一發票。此種情形係因銷售禮券時已經可確認銷售貨物之品名與數量，故應於出售禮券時開立。

②現金禮券：禮券上僅載明金額，由持有人按禮券上所載金額，憑以兌購貨物者，應於兌付貨物時開立統一發票；營業人售出禮券時僅需出具購買禮券證明單，毋需開立統一發票。

(6)小額交易按日彙開

銷售低價物品之營業人，每筆銷售額與銷項稅額合計未滿新臺幣50元之交易，除買受人要求者外，得免逐筆開立統一發票。但應於每日營業終了時，按當日未滿50元之交易總金額彙開一張統一發票，註明「彙開」字樣，並應在當期統一發票明細表備考欄，註明「按日彙開」字樣，以供查核⓲。但使用收銀機開立統一發票之營業人不適用按日彙開之規定。

(7)每月彙總

⓰ 財政部 75.9.27 台財稅第 7526966 號函。

⓱ 統一發票使用辦法第十二條規定。

⓲ 統一發票使用辦法第十五條規定。

　　鑑於商業交易習慣，營業人對於經常銷貨的特定對象，往往採月結制結算帳款，實務上均於結帳時始開立統一發票向買受人請款，為符合實情及簡化營業人開立統一發票手續，針對會計制度健全，符合下列條件之營業人，得向所在地主管稽徵機關申請核准後，就其對其他營業人銷售之貨物或勞務，按月彙總於當月月底開立統一發票：

①無積欠已確定之營業稅及罰鍰、營利事業所得稅及罰鍰者。

②最近二年度之營利事業所得稅係委託會計師查核簽證或經核准使用藍色申報書者❶❻❸。

五、統一發票之保存

　　營業人除已開立之統一發票，須依稅捐稽徵機關管理營利事業會計帳簿憑證辦法規定保存外，對當期購買之統一發票賸餘空白未使用部分，應予截角作廢保存，以供稽徵機關抽查，並於統一發票明細表載明其字軌及起訖號碼❶❻❹。由於收銀機統一發票不易截角作廢，是以對當期購買之收銀機統一發票賸餘空白未使用部分，應於申報銷售額時，繳回主管稽徵機關銷毀❶❻❺。

六、統一發票作廢

　　開立統一發票書寫錯誤者，應另行開立，並於重新開立之發票上註明原開立日期及發票號碼，及將誤寫之統一發票收執聯及扣抵聯註明「作廢」字樣，黏貼於存根聯上，於當期之統一發票明細表註明❶❻❻。實務上常見書寫錯誤後，於發票上蓋章更正者，除屬統一編號錯誤經更正者外，均屬未依規定作廢重開，應按營業稅法第四十八條規定處罰。

---

❶❻❸　統一發票使用辦法第十五條之一規定。
❶❻❹　統一發票使用辦法第二十二條規定。
❶❻❺　營業人使用收銀機辦法第九條規定。
❶❻❻　統一發票使用辦法第二十四條規定。

第四節　申報繳納

　　我國在民國七十七年七月以前，原係採按月申報方式。為簡化徵納雙方申報程序，乃改為按期申報，並以每二月為一期。營業人不論有無銷售額，應於次期開始十五日內，填具規定格式之申報書，檢附退抵稅款及其他有關文件，向主管稽徵機關申報銷售額、應納或溢付營業稅額。如有應納營業稅額者，應先向公庫繳納後，檢同繳納收據一併申報。換言之，營業人應於每年之單月申報前二個月之銷售額與稅額。

　　但此一修正並非全然對營業人有利，原採按月申報的外銷廠商，因申報零稅率銷售額而有溢付稅額者，每月均可收到退稅款，改為每二個月申報後，將使其未蒙其利，先受其害。為使外銷適用零稅率而有溢付營業稅額之營業人儘速取得退稅款，乃針對特定適用零稅率之營業人，得申請以每月為一期，於次月十五日前向主管稽徵機關申報銷售額、應納或溢付營業稅額。但同一年度內不得變更。

　　營業人每期稅額計算結果，如有應納稅額者，應先填寫營業稅繳款書向公庫繳納後，連同相關證明文件向所在地主管稽徵機關申報。

　　茲就分別報繳方式，略述如後：

一、一般以分別報繳為原則

　　營業人之總機構及其他固定營業場所，設於中華民國境內各地區者，應分別向所在地主管稽徵機關申報銷售額、應納或溢付營業稅額。

二、合併總繳與撤銷總繳

　　依營業稅法第四章第一節規定計算稅額之營業人，係以進項稅額扣抵銷項稅額而計算其應納稅額，進項稅額如大於銷項稅額時，則予退還或留抵次期之應納稅額；間有營業人之總機構或其他固定營業場所專司

購買、生產或銷售者，如分別就地繳稅，則形成部分單位只有進項稅額，每月申報留抵稅額，部分單位則每月繳稅而無進項稅額可資扣抵，造成單位間資金積壓之困擾，爰准許依第四章第一節規定計算稅額之營業人，得向財政部申請核准，就總機構及所有其他固定營業場所銷售之貨物或勞務，由總機構合併向所在地主管稽徵機關申報銷售額、應納或溢付營業稅額，以為解決。

依營業稅法第四章第一節規定計算稅額之營業人，欲申請合併總繳，應由總機構向所在地主管稽徵機關申請陳轉財政部，在未經核准前仍應分別申報繳納。

營業人於經財政部核准合併總繳後，總機構及其他固定營業場所，仍應分別向所在地主管稽徵機關申購統一發票，按期（月）填具營業人銷售額與稅額申報書、統一發票明細表並檢附退抵稅款憑證，向主管稽徵機關申報銷售額、應納或溢付稅額，除總機構外，其他固定營業場所免予繳納營業稅。

總機構除填具本身的申報書外，應彙集總機構本身及所屬其他固定營業場所申報資料，填寫彙總申報的申報書，計算應納或溢付營業稅額，其有應納營業稅額者，應先向公庫繳納後，再向稽徵機關申報。

經核准合併總繳之營業人，如有新增分支機構，應由分支機構向其所在地主管稽徵機關申請合併總繳，免再報經財政部核准。如欲撤銷合併總繳，則應由總機構向所在地主管稽徵機關申請並報經財政部核准後，始可分別報繳。

第五節　溢付稅額之處理

一、原則規定

營業人申報之下列溢付稅額，應由主管稽徵機關查明後退還之：

(1)為獎勵外銷，因銷售營業稅法第七條規定適用零稅率貨物或勞務而溢付之營業稅。

(2)為鼓勵投資，因取得固定資產而溢付之營業稅。營業人因購買建築改良物，申請退還溢付營業稅款者，應俟辦妥建築改良物所有權登記，取得建築改良物後，再憑建築改良物所有權狀影本及統一發票影本，申請退還該固定資產之溢付稅額❿。但如營業人自己興建之建物，自始即為建物之起造人者，可憑建造執照及相關進項統一發票扣抵聯申請退還溢付稅額，尚毋需俟取得建物所有權狀後再行申請。

(3)因溢付營業稅無從延續留抵，故因合併、轉讓、解散或廢止申請註銷登記者，其溢付之營業稅。

按營業人在正常情形下，就存貨周轉期而言，其銷項稅額必大於進項稅額，如有溢付稅額，可能係一時大批進貨，短時間自必銷售，為簡化手續，並防杜弊端，一般營業人之溢付稅額應留抵以後各期之應納稅額。

二、溢付稅額特殊情形

1.下列情形經財政部授權由稽徵機關核准退還❿

(1)公司組織之營利事業在未經主管機關核准登記並賦予營利事業統一編號前，購買貨物或勞務，所取得之二聯式統一發票，並已入帳者，可於辦妥營業登記後，檢附公司申請設立登記實收資本額基準日經會計師查核簽證之資產負債表影本，由稽徵機關依營業稅法第三十九條第二項規定查明進項貨物或勞務，確實歸屬公司後，核實退還其進項稅額❿。如為外商公司臺灣分公司其未經主管機關核准登記

---

❿　財政部 89.10.12 台財稅第 890457207 號函。

❿　參《營業稅法令彙編》營業稅法第三十九條解釋函令，第二九四～二九九頁。

❿　財政部 80.2.11 台財稅第 790735791 號函。

前之進項稅額，准予以「買匯水單及匯入匯款通知書」替代「設立登記實收資本額基準日經會計師查核簽證之資產負債表」，由稽徵機關查明屬實後核實退還。

⑵公司目前正在籌備期間，尚未開始營業，其取得固定資產之進項稅額，准予在辦妥營業登記後，依照營業稅法第三十九條第二項規定，由主管稽徵機關查明進項貨物確屬該公司所使用，核實退還。

⑶營業人於工廠籌建期間，其按期申報之溢付稅額，依照營業稅法第三十九條第二項但書之規定申請退還者。

⑷營業人核准登記後至開始營業前，按期申報之進項溢付營業稅額，依照營業稅法第三十九條第二項但書規定申請退還者。

⑸營業人（委託人）因將財產交付信託而溢付之營業稅，可於信託行為之受託人依信託本旨處分信託財產後，依營業稅法第三十九條第二項但書規定，就受託人處分該信託財產之銷項稅額範圍內，經主管稽徵機關查明後核實退還。

2.其他溢付稅額情形特殊，經稽徵機關專案報經財政部核准者，仍得退還之。

第六節　查定課徵

　　小規模營業人經營規模狹小、交易金額過於零星，不具備使用發票之能力，無法按照加值稅制之要求開立統一發票，並自行計算營業稅額報繳營業稅。又若干營業情形特殊，不便使用統一發票及自動報繳營業稅之營業人，如理髮業、沐浴業、計程車業等，得免申報銷售額，由稽徵機關依營業稅特種稅額查定辦法規定，查定其銷售額，並按規定的稅率⑰計算稅額，按季（月）填發繳款書通知營業人自行繳納。

---

⑰　參本篇第八章第一節。

　　因按查定課徵之小規模營業人既不按加值額方式課徵，其購買營業人使用貨物或勞務時，索取進貨發票之意願自然不高，導致其前手之批發商及工廠較容易短漏開統一發票而發生漏稅情形，為鼓勵小規模營業人於購買貨物或勞務時索取進貨憑證，以發揮加值稅之勾稽作用，凡由稽徵機關查定稅額之小規模營業人，除特種飲食業及典當業外，購買營業上使用之貨物或勞務，取得載有營業稅額之憑證，並依規定期限申報者，主管稽徵機關應按其進項稅額 10%，在查定稅額內扣減。但查定稅額未達起徵點者，不適用之。其進項稅額之 10% 如超過查定稅額者，次期得繼續扣減。

　　小規模營業人如因道路拓寬或興建工程，影響營業人營業者，稽徵機關應扣除未營業之日數，以實際營業日數計算查定銷售額❶。

　　查定課徵營業稅之小規模營業人，其課稅方式變更之情形有二：

一、申請使用

　　小規模營業人、農產品批發市場之承銷人、銷售農產品之小規模營業人及其他經財政部規定免予申報銷售額之營業人，得申請依加值型計徵並自動報繳營業稅。但為避免小規模營業人利用隨時變更計課方式，產生取巧規避稅負，例如：於進項稅額大時，申請按進銷項稅額之差額課徵，於進項稅額小時，則申請按銷售總額課徵，故經核准後三年內不得申請變更。

二、核定使用

　　小規模營業人中之照相業、中西藥房、書局及旅宿業等，多有使用統一發票及自動申報繳納之能力，為擴大統一發票使用面，加強相互勾稽作用，財政部得斟酌實際情形，視小規模營業人之營業性質及能力，

---

❶　財政部賦稅署 77.2.23 台稅二發第 770652091 號函。

核定其依進銷項稅額之差額計算營業稅額,並按期自動申報繳納營業稅。

關鍵詞

◎營業登記　◎統一發證制度　◎統一發票　◎電子計算機統一發票　◎電子發票　◎合併總繳　◎分別報繳　◎溢付稅額　◎查定課徵

 自我評量

1.設立登記、變更或註銷登記、停業或復業登記各應於何時向稽徵機關申辦?

2.使用統一發票之買賣業至少應設置哪三種帳簿?

3.統一發票之種類有哪些? 其用途各為何?

4.試述統一發票有哪些一般基本應行記載事項? 特殊情形應行記載規定有哪些?

5.買賣業開立統一發票之時限為何? 勞務承攬業、包作業開立時限又如何?

6.營業人發行現金禮券或商品禮券應於何時開立統一發票?

7.自動報繳營業人之申報繳納程序為何?

8.合併總繳之意義為何? 經核准合併總繳之總分支機構分別應如何申報?

9.在何種情形下溢付稅額得申請退還?

10.查定課徵營業人申報進項稅額扣抵,其期限、額度有何限制?

第十一章　營業稅違章型態及處罰

所謂行為罰，係指就違反本法所規定作為或不作為義務之處罰。營業稅法規定之行為罰有下列六種：

一、未辦登記之處罰

為確保稅籍資料之完整，以有效掌握營業人之營業動態，營業稅法第二十八條明定，營業人之總機構及其他固定營業場所，應於開始營業前，分別向主管稽徵機關申請營業登記。如營業人未依規定申請營業登記者，除通知限期補辦⑫外，處新臺幣 1,000 元⑬以上 10,000 元以下罰鍰；逾期仍未補辦者，得連續處罰。

至公司組織之營業人，於開始營業前，已依營利事業統一發證辦法

---

⑫　營業稅施行細則第五十一條規定，本法第四十五條至第四十八條規定限期改正或補辦事項，其期限不得超過通知送達之次日起十五日。

⑬　依現行法規所定貨幣單位折算新臺幣條例第二條規定，現行法規所定金額之貨幣單位為圓、銀元或元者，以新臺幣元之 3 倍折算之。是以，營業稅法罰則規定之罰鍰均以「元」為貨幣單位，應乘以 3 倍換算為新臺幣。

之規定申請營業登記，雖未完成統一發證手續，其在辦妥營利事業登記前即行營業，如經稅捐單位核准設籍課稅，即不依營業稅法第四十五條規定處罰❶。

又依「稅務違章案件裁罰金額或倍數參考表」❶，有關營業稅法第四十五條營業人未依規定申請營業登記案件，係以稽徵機關通知其補辦之次數作為認定適用之標準。如營業人未辦理營業登記，經警察局查獲通報，稽徵機關於審理並通知補辦期間內，又陸續接獲同一事實之營業稅違章案件，應併計按一次處罰❶。

二、違反變更登記等行為義務之處罰

營業人營業動態之變更，直接關係稅籍資料之管理，乃課以營業人向主管稽徵機關申報之作為義務。營業人登記事項如有變更、註銷或暫停營業、復業者，均應依規定時限向主管稽徵機關申請變更、註銷或停、復業登記，此明定於營業稅法第三十條及第三十一條。從而，營業稅法亦於第四十六條規定營業人不作為之處罰，即有下列情形之一者，除通知限期改正或補辦外，處新臺幣 500 元以上 5,000 元以下罰鍰；逾期仍未改正或補辦者，得連續處罰至改正或補辦為止：

⑴未依規定申請變更、註銷登記或申報暫停營業、復業者。

⑵申請營業、變更或註銷登記之事項不實者。

營業人申請註銷登記，於稽徵機關依法准予註銷登記前，其經查獲有營業行為者，應適用營業稅法第四十六條第二款申請註銷登記之事項不實規定處罰；如於稽徵機關依法准予註銷登記後，查獲有營業行為者，因已無營業登記，則應以其未辦理營業登記，適用營業稅法第四十五條

---

❶　財政部 75.7.24 台財稅第 7556622 號函。

❶　為使辦理裁罰機關對違章案件之裁罰金額或倍數有一客觀之標準可資參考，財政部於 81.11.23 以台財稅第 811684678 號函頒訂。

❶　財政部 85.8.14 台財稅第 851914382 號函。

規定處罰❼。

三、違反核定應使用統一發票而不使用等行為義務之處罰

營業稅法第四十七條規定，納稅義務人有下列情形之一者，除通知限期改正或補辦外，處新臺幣 1,000 元以上 10,000 元以下罰鍰；逾期仍未改正或補辦者，得連續處罰，並得停止其營業：

(1)核定應使用統一發票而不使用者。

(2)將統一發票轉供他人使用者。

(3)拒絕接受營業稅繳款書者。

營業人經核定使用統一發票並按營業稅法第四章第一節規定計算稅額❼而不使用者，主管稽徵機關應按稅率 5% 計算銷項稅額，扣抵其進項稅額後予以補徵稅款，並依營業稅法第四十七條之規定予以處罰❼。

營業人之固定營業場所，均應於營業前向所在地主管稽徵機關申請營業登記及領用統一發票，如營業人之總機構將其所申購的統一發票，轉供分支機構使用，應依營業稅法第四十七條之規定處罰。

所謂得停止其營業，主管稽徵機關為停止營業處分時，應訂定期限，最長不得超過六個月。但停業期限屆滿後，該受處分之營業人，對於應履行之義務仍不履行者，得繼續處分至履行義務時為止。

四、違反使用統一發票規定之處罰

營業稅法第四十八條第一項規定，就營業人開立統一發票，應行記載事項未依規定記載或所載不實者，除通知限期改正或補辦外，按統一發票所載銷售額，處 1% 罰鍰，其金額最低不得少於新臺幣 500 元，最

---

❼　財政部 83.1.4 台財稅第 821506638 號函。

❼　按營業稅法第四章第一節規定計算稅額，係指按銷項稅額減進項稅額之差額計算應納或溢付稅額。

❼　財政部 82.8.4 台財稅第 821493201 號函。

高不得超過新臺幣 5,000 元。經主管稽徵機關通知補正而未補正或補正後仍不實者，連續處罰之。

　　至稽徵機關查獲營業人開立統一發票，有應行記載事項而未依規定記載，或所載不實之情事者，應以查獲次數為準[180]。亦即營業稅法第四十八條之處罰，係以該次查獲之未依規定記載或所載不實之統一發票銷售額總計金額論罰。

　　營業人未依規定記載事項，如為買受人之名稱、地址或統一編號者，因統一發票應記載事項中最為重要部分，對於通知限期補正而未補正、或補正後仍為不實者，予以連續處罰，並提高罰鍰標準為統一發票所載銷售額之 2%，其金額最低不得少於新臺幣 1,000 元，最高不得超過10,000 元。

　　營業人銷貨予營業人，應開立三聯式發票，而開立未載明買受人營利事業統一編號之二聯式統一發票，應先依營業稅法第四十八條第一項規定論處，經通知補正而未補正或補正後仍不實者，再依同條第二項規定處罰[181]。

五、滯報、怠報之處罰

　　營業稅法第三十五條規定，除查定課徵等免予申報銷售額者外，營業人不論有無銷售額，應以每二個月為一期，在次期開始十五日內向主管稽徵機關申報前二個月份之銷售額等，其為使用統一發票者，並應檢附統一發票明細表。為促使營業人遵期履行此項申報之義務，自應對違反者予以適當之處罰。營業人申請營業登記，經核定應使用統一發票後，如確無銷售貨物或勞務之情事，尚無須使用統一發票，雖未於限期內領用統一發票購票證及購買統一發票，免依上開營業稅法第四十七條第一

---

[180]　財政部 83.4.27 台財稅第 831590955 號函。
[181]　財政部 89.9.27 台財稅第 890456653 號函。

款「核定應使用統一發票而不使用者」處罰❿，惟即使無銷售額，仍應依規定於期限內申報銷售額及稅額。實務上，新設立的營業人常以未申購發票亦無對外營業，未在規定期限申報而受罰。蓋營業人具有申報義務係以存續期間為度，對新設立之營業人則以設立之當期起算，例如甲公司在十月二十九日設立，則其應在十一月十五日前申報該公司十月份之銷售額與稅額，未依規定申報經查獲者，將會被裁處滯、怠報金。

營業稅法第四十九條規定，營業人未依本法規定期限申報銷售額或統一發票明細表，其未逾三十日者，每逾二日按應納稅額加徵 1% 滯報金，金額不得少於新臺幣 400 元，最高不得多於 4,000 元；其逾三十日者，按核定應納稅額加徵 30% 怠報金，金額不得少於新臺幣 1,000 元，最高不得多於 10,000 元。其無應納稅額者，滯報金為新臺幣 400 元，怠報金為 1,000 元。所謂按核定應納稅額，係指營業人逾三十日未申報銷售額時，主管稽徵機關依照查得之資料，核定其銷售額及應納稅額之情形❿。

六、滯納之處罰

營業稅法第五十條規定，納稅義務人，逾期繳納稅款或滯報金、怠報金者，應自繳納期限屆滿之次日起，每逾二日按應納稅額加徵 1% 滯納金；於三十日仍未繳納者，除移送法院強制執行外，並得停止其營業。前述應納之稅款或滯報金、怠報金，應自滯納期限屆滿之次日起，至納稅義務人自動繳納或法院強制執行徵收繳納之日止，就其應納稅款、滯報金、怠報金及滯納金，依當地銀行業通行之一年期定期存款利率，按日計算利息，一併徵收。

所謂逾期繳納，指逾越繳納期限後始行繳納者，因此對營業人無論

❿ 財政部 78.4.7 台財稅第 780079908 號函。
❿ 營業稅法第四十三條規定。

　　為自動報繳或查定課徵，均有適用。

　　又滯納金加徵滿三十日（滯納期限）仍未繳納者，即移送法院強制執行，而不再加徵滯納金，但自滯納期限屆滿之次日起，至法院強制執行徵收繳納或納稅義務人自動繳納之日止，仍為納稅義務人延滯繳納期間，自應按日加計利息，俾資合理。

七、稅捐稽徵法規定與一般營業人相關之行為罰❶❽❹

1.未給與憑證、未取得憑證及未保存憑證之處罰

　　為建立營利事業正確課稅憑證制度，依稅捐稽徵機關管理營利事業會計帳簿憑證辦法第二十一條第一項規定，對外營業事項之發生，營利事業應於發生時自他人取得原始憑證，如進貨發票，或給與他人原始憑證，如銷貨發票。給與他人之憑證，應依次編號並自留存根或副本。營利事業依法應給與他人憑證而未給與，應自他人取得憑證而未取得，或應保存憑證而未保存者，應就其未給與憑證、未取得憑證及未保存憑證，經查明認定之總額，處 5% 罰鍰。

　　如未辦理營業登記之營利事業，其每月銷售額已達使用統一發票標準，經查獲有未依法取得進貨憑證或未給予他人憑證者❶❽❺；營利事業銷售貨物，不對直接買受人開立統一發票，而對買受人之客戶開立統一發票❶❽❻，均應依未給與憑證論處。又營業人銷售貨物或勞務與營業人，未依規定開立三聯式統一發票，而開立二聯式統一發票，已依營業稅法第四十八條規定論處，其相對之進貨人取得二聯式統一發票如載有應行記載事項，得免依稅捐稽徵法第四十四條規定處罰❶❽❼。

　　至營業人銷售貨物或勞務未依規定給與他人憑證，經依稅捐稽徵法

❶❽❹　稅捐稽徵法第四十四條至第四十六條規定。

❶❽❺　財政部 78.8.11 台財稅第 780211903 號函。

❶❽❻　財政部 69.8.8 台財稅第 36624 號函、司法院大法官會議釋字第 252 號解釋。

❶❽❼　財政部 85.6.8 台財稅第 851908196 號函。

第四十四條規定，以經查明認定之總額論處之案件，無論買受人為營業人或非營業人，均應以銷售額為計算處罰之基礎❶；而未依規定取得進貨憑證，則應以實際查核之進貨金額作為處罰之基礎❷。

2.違反帳簿設置、記載、保存等規定之處罰

帳簿之設置、記載與保存，為會計帳簿管理上之重要環節，相互關連，對於違背該規定者，應有完整之處罰規定，方能達到管理之效果。對於未依規定設置帳簿，或不依規定記載者，處新臺幣 3,000 元以上7,500 元以下罰鍰，並應通知限於一個月內依規定設置或記載；期滿仍未依照規定設置或記載者，處新臺幣 7,500 元以上 15,000 元以下罰鍰，並再通知於一個月內依規定設置或記載；期滿仍未依照規定設置或記載者，應予停業處分，至依規定設置或記載帳簿時，始予復業。

為加強帳簿與憑證相互勾稽，避免營業人於稽徵機關查核時諉稱帳簿已不存在而不提供查核，致影響查核工作之進行，故對於不依規定保存帳簿或無正當理由而不將帳簿留置於營業場所者，處新臺幣 15,000 元以上 60,000 元以下罰鍰。

3.未配合提供調查資料

稅捐稽徵機關或財政部賦稅署指定之調查人員，為調查課稅資料，得向有關機關、團體或個人進行調查，要求提示有關文件，或通知納稅義務人，到達其辦公處所備詢，被調查者不得拒絕❸。所謂財政部賦稅署指定之調查人員，不包含協助執行查緝漏稅之各警察機關在內。是以，各警察機關遇有此類案件，應以會同或移送當地稅捐稽徵機關辦理為宜❹。

拒絕稅捐機關或財政部賦稅署指定之調查人員調查，或拒不提示有

---

❶　財政部 84.11.15 台財稅第 841659007 號函。
❷　財政部 84.8.9 台財稅第 841640632 號函。
❸　稅捐稽徵法第三十條、行政程序法第四十條規定。
❹　財政部 71.11.4 台財稅第 38070 號函。

關課稅資料、文件者，處新臺幣 3,000 元以上 30,000 元以下罰鍰。納稅義務人經稅捐機關或財政部賦稅署指定之調查人員通知到達備詢，納稅義務人本人或受委任之合法代理人，如無正當理由而拒不到達備詢者，處新臺幣 3,000 元以下罰鍰。

　　如營業人雖未於該管稽徵機關第一次通知期限內提示帳簿憑證備查，惟該管稽徵機關並未送罰，後又再度通知限期提示帳簿憑證，該營業人既已依第二次通知期限提示備查，應免依上開規定處罰❶❾❷。

4.刑　責

　　稅捐稽徵法第四十一條規定，納稅義務人以詐術或其他不正當方法逃漏稅捐者，處五年以下有期徒刑、拘役或科或併科新臺幣 60,000 元以下罰金。同法第四十三條規定，教唆或幫助犯第四十一條之罪者，處三年以下有期徒刑、拘役或科新臺幣 60,000 元以下罰金。

　　營業人無銷貨事實出售統一發票牟取不法之利益，非屬營業稅課徵之標的，免予課徵營業稅。但其虛開或非法出售統一發票之犯行，應視情節依刑法偽造文書罪、詐欺罪及稅捐稽徵法第四十一條或第四十三條規定辦理❶❾❸。一般虛設行號係無進銷貨之事實，虛開發票與他人，及取得不實之統一發票，藉以牟利，並降低繳稅率，以不正當方法幫助他人逃漏稅捐；甚至取巧詐領退稅款，以不正當方法逃漏稅捐。至營業人無進貨事實，取得虛設行號所開立之統一發票，虛報進項稅額或虛列成本費用，或經調查機關或稽徵機關查獲私帳，並涉及逃漏稅捐者，亦均屬「以不正當方法逃漏稅捐」。

　　經稽徵機關查獲，以不正當方法逃漏稅捐且逃漏稅額在新臺幣 100,000 元以上者，始移送檢察機關偵辦刑責。

---

❶❾❷　財政部 67.9.19 台財稅第 36365 號函。

❶❾❸　財政部 78.8.3 台財稅第 780195193 號函。

第二節　漏稅罰

營業稅法之漏稅罰分為二種：一般漏稅之處罰及短漏開統一發票之處罰，分別規定於第五十一條及第五十二條。

一、一般漏稅之處罰

1.漏稅類別

營業稅法第五十一條規定，納稅義務人，有下列情形之一者，除追繳稅款外，按所漏稅額處 1 倍至 10 倍罰鍰❶，並得停止其營業：

(1)未依規定申請營業登記而營業者。

(2)逾規定期限三十日未申報銷售額或統一發票明細表，亦未按應納稅額繳納營業稅者。

(3)短報或漏報銷售額。

(4)申請註銷登記後，或經主管稽徵機關依本法規定停止其營業後，仍繼續營業者。

(5)虛報進項稅額者。

(6)逾規定期限三十日未依第三十六條第一項規定繳納營業稅者。

(7)其他有漏稅事實者。

第一款至第四款及第六款係屬銷項之違章情事，第五款虛報進項稅額，包括依營業稅法第十九條規定不得扣抵之進項稅額、無進貨事實及偽造憑證之進項稅額而申報退抵稅額者❷。

按此處既係逃漏稅之處罰，其構成要件除須營業人有上列情形者外，亦須營業人因而發生逃漏稅之結果❸，否則即無此處罰則之適用。且應

---

❶ 各項裁罰倍數依財政部頒定之「稅務違章案件裁罰金額或倍數參考表」，計算之罰鍰以計至百元為止。

❷ 營業稅法施行細則第五十二條第一項規定。

以營業人有過失為其責任要件，即其不能舉證證明自己無過失時，即應
受處罰**[197]**。

2.漏稅額之認定

營業稅法第五十一條第一款至第六款之漏稅額，依下列規定認定
之**[198]**：

(1)第一款至第四款及第六款，以經主管稽徵機關依查得之資料，核定
應補徵之應納稅額為漏稅額。

(2)第五款，以經主管稽徵機關查獲因虛報進項而實際逃漏之稅款為漏
稅額。

漏稅額之計算，應扣減營業人自違章行為發生日起至查獲日（調查
基準日）止經稽徵機關核定之各期累積留抵稅額之最低金額為漏稅額**[199]**。
例如一營業人於民國九十二年十月（違章行為發生日）虛報進項稅額
50,000 元，經稽徵機關於九十三年三月二十日查獲，其自九十二年九、
十月到九十三年一、二月止各期（每二個月為一期）之累積留抵稅額，
分別為 10,000 元、70,000 元、35,000 元，則其漏稅額為 40,000 元；又如
其九十三年二月份已無留抵稅額，則其漏稅額應為 50,000 元。但應補徵

---

[196] 司法院大法官會議釋字第 337 號解釋。

[197] 司法院大法官會議釋字第 275 號解釋：人民違反法律上之義務而應受行政
罰之行為，法律無特別規定時，雖不以出於故意為必要，仍須以過失為其責
任條件。但應受行政罰之行為，僅須違反禁止規定或作為義務，而不以發生
損害或危險為其要件者，推定為有過失，於行為人不能舉證證明自己無過失
時，即應受處罰。行政法院六十二年度判字第 30 號判例謂：「行政罰不以故
意或過失為責任條件」，及同年度判字第 350 號判例謂：「行政犯行為之成
立，不以故意為要件，其所以導致偽報貨物品質價值之等級原因為何，應可
不問」，其與上開意旨不符部分，與憲法保障人民權利之本旨牴觸，應不再
援用。

[198] 營業稅法施行細則第五十二條規定。

[199] 財政部 89.10.19 台財稅第 890457254 號函。

稅額均為 50,000 元。

　　又依營業稅法第三十五條第一項規定，營業人不論有無銷售額，應按期填具申報書，檢附退抵稅款及其他有關文件，向主管稽徵機關申報銷售額、應納或溢付營業稅額。準此，營業人之進項稅額准予扣抵或退還，應以已申報者為前提，故營業人違反營業稅法第五十一條第一款至第四款及第六款，據以處罰之案件，營業人如於經查獲後始提出合法進項憑證者，稽徵機關於計算其漏稅額時尚不宜准其扣抵銷項稅額。

　　另有營業人主張其漏進又漏銷，如依加值稅的精神計算，不宜將所有漏報銷售額換算的銷售額都列為漏稅額，應扣除漏進而未取得進項憑證的稅額後，再憑計算所漏稅額。然而稽徵機關查獲漏進漏銷之案件，營業人於進貨時既未依規定取得合法進項憑證，依營業稅法第十九條第一項第一款規定，其進項稅額不得申報扣抵銷項稅額，故稽徵機關補徵其漏報銷售額之應納稅額時，尚不宜按銷項稅額扣減查獲進貨金額計算之進項稅額後之餘額核認❷⓪⓪。

二、短、漏開統一發票

　　營業人是否依規定開立統一發票，關係著營業稅制能否順利施行，故就短、漏開銷售額依業別規模適用稅率計算出之稅額，直接處以 1 倍至 10 倍之罰鍰，亦即以實質上之逃漏稅視之，縱使營業人於被查獲後，已補開並在次期申報銷售額及營業稅額時納入，均無礙於此一罰則之適用。

　　營業稅法第五十二條規定，營業人漏開統一發票或於統一發票上短開銷售額經查獲者，應就短、漏開銷售額按規定稅率計算稅額繳納稅款外，處 1 倍至 10 倍罰鍰。一年內經查獲達三次者，並停止其營業。所稱「一年內」之認定，係指自首次查獲之日起，至次年當日之前一日止而言❷⓪①。

❷⓪⓪　財政部 85.6.19 台財稅第 850290814 號函。

　　揆諸本條立法旨意，係以營業人銷售貨物或勞務應開立統一發票交付買受人，並於次月（期）十五日以前檢附統一發票明細表及有關文件申報上一月份（期）銷售額。但在法定申報期限前，即經稽徵機關查獲短、漏開統一發票銷售額者，事後如將上開被查獲之短、漏開發票銷售額合併於當月（期）銷售額，於次月（期）十五日以前申報期限內辦理申報，因不發生逾期申報或短、漏報銷售額之情形，不得依同法第五十一條之規定按所漏稅額處罰，故以經查獲短、漏開統一發票之銷售額計算處罰為依據。是以，營業人短、漏開統一發票銷售額，或短、漏報銷售額係於逾越法定申報期限後，始經稽徵機關查獲者，應依營業稅法第五十一條第三款處罰；其在申報期限屆滿前被查獲者則依營業稅法第五十二條規定處罰，其有未依規定給予他人或取得他人憑證者，仍應依稅捐稽徵法第四十四條規定，擇一從重處罰❷❷。

第三節　　擇一從重與減免處罰

一、擇一從重處罰之適用

　　營業人有漏稅情形，並涉及違反營業稅法或稅捐稽徵機關管理營利事業會計帳簿憑證辦法規定應作為而不作為之情事，原應分別依漏稅罰與行為罰規定併罰；惟納稅義務人行為如同時符合行為罰及漏稅罰之處罰要件時，除處罰之性質與種類不同，必須採用不同之處罰方法或手段，以達行政目的所必要者外，不得重複處罰，乃現代民主法治國家之基本原則。是違反作為義務之行為，同時構成漏稅行為之一部或係漏稅行為之方法而處罰種類相同者，如從其一重處罰已足達成行政目的時，即不

❷❶　財政部 76.10.2 台財稅第 760156760 號函。
❷❷　財政部 79.2.19 台財稅第 780323841 號函。

得再就其他行為併予處罰，始符憲法保障人民權利之意旨❷❸。適用擇一從重處罰之相關法條如下❷❹：

(1)納稅義務人觸犯營業稅法第四十五條或第四十六條，如同時涉及同法第五十一條各款規定者。

(2)納稅義務人觸犯營業稅法第五十一條各款，如同時涉及稅捐稽徵法第四十四條規定者。

(3)納稅義務人觸犯營業稅法第四十五條或第四十六條，如同時涉及稅捐稽徵法第四十四條及營業稅法第五十一條各款規定者。

(4)納稅義務人漏開短開統一發票，應依營業稅法第五十二條規定處罰，如同時涉及稅捐稽徵法第四十四條規定營利事業應給予他人憑證而未給予之處罰者。

(5)納稅義務人同時觸犯營業稅法第四十九條及同法第五十一條第二款規定者。

惟營業人進貨未依規定取得進貨憑證，並於銷貨時漏開統一發票之進銷案件，涉及兩階段的行為，一為漏進未依規定取得憑證，一為漏銷未依規定給予憑證，其銷貨漏開統一發票，同時觸犯稅捐稽徵法第四十四條及營業稅法第五十一條第三款規定部分，應依上開規定採擇一從重處罰。然其進貨未依規定取得進貨憑證部分，仍應依稅捐稽徵法第四十四條規定處罰❷❺。

二、自動補報、補繳、補開免罰

稅捐稽徵法第四十八條之一規定，納稅義務人自動向稅捐稽徵機關補報並補繳所漏稅款者，凡屬未經檢舉、未經稽徵機關或財政部指定之

❷❸　司法院大法官會議釋字第 503 號解釋。

❷❹　財政部 85.4.26 台財稅第 851903313 號函、財政部 78.7.24 台財稅第 781148237 號函、財政部 85.11.6 台財稅第 851922008 號函。

❷❺　財政部 76.8.31 台財稅第 760113115 號函。

調查人員進行調查之案件，下列之處罰一律免除；其涉及刑事責任者，並得免除其刑：

　(1)稅捐稽徵法第四十一條至第四十五條之處罰。

　(2)各稅法所定關於逃漏稅之處罰。

　　營業人有營業稅法第五十一條規定之逃漏營業稅行為，於未經檢舉及未經稽徵機關或財政部指定之調查人員進行調查前，已自動補繳一部分所漏稅款，惟未補報，而於檢舉或調查基準日後始補報者，其已補繳稅款部分雖未及完成補報的動作，亦可適用免予處罰之規定[206]。

　　營業人如未依「營業人開立銷售憑證時限表」規定開立統一發票，但在經檢舉及稽徵機關調查前，已於同一申報期限內自動補開，且於規定申報期限前申報者，適用稅捐稽徵法第四十八條之一規定，免按該法第四十四條規定處罰[207]。

　　營業人短漏報應納營業稅額，於補報並補繳所漏稅款時，其應補繳之稅款准以累積留抵稅額抵繳，如應補報並補繳之營業稅額大於可供抵繳之累積留抵稅額者，其差額部分仍應由營業人先向公庫繳納後並補報，否則該差額部分，仍無稅捐稽徵法第四十八條之一免罰規定之適用；至應加計之利息如未繳納者，應由該管稽徵機關發單補徵，通知其限期繳納[208]。

　　營業人自行發現短漏報銷售額或虛報進項稅額等漏稅情事，向主管稽徵機關更正補報，經稽徵機關查明其自短、漏報銷售額或虛報進項稅額之當期至補報日止，經核定之各期累積留抵稅額均大於或等於所短漏報之營業稅稅額，實際並未逃漏稅款，其短漏報之營業稅額既係調整累積留抵稅額，自毋須加計利息[209]。

---

[206]　財政部 93.1.8 台財稅字第 0920457600 號函。

[207]　財政部 86.5.14 台財稅第 861897540 號函。

[208]　財政部 83.10.19 台財稅第 831615281 號函。

[209]　財政部 90.5.01 台財稅字第 0900452862 號令。

三、減免處罰之規定

稅捐稽徵法第四十八條之二規定，依本法或稅法規定應處罰鍰之行為，其情節輕微，或漏稅在一定金額以下者，得減輕或免予處罰。有關情節輕微、金額或減免標準，由財政部擬訂，報請行政院核定後發布之。是乃為稅務違章案件減免處罰標準之法源。

「稅務違章案件減免處罰標準」中有關營業稅部分規定如下[210]：

(1)依稅捐稽徵法第四十四條規定應處罰鍰案件之免罰標準：

　①每案應處罰鍰在新臺幣 2,000 元以下者。

　②營利事業購進貨物或勞務時，因銷售人未給與致無法取得合法憑證，在未經他人檢舉及未經稽徵機關或財政部指定之調查人員進行調查前，已提出檢舉或已取得該進項憑證者；或已誠實入帳，且能提示送貨單及支付貨款證明，於稽徵機關發現前，由會計師簽證揭露或自行於申報書揭露，經稽徵機關查明屬實者。

　③營利事業銷售貨物或勞務時，未依規定開立銷售憑證交付買受人，在未經他人檢舉及未經稽徵機關或財政部指定之調查人員進行調查前，已自動補開、補報，其有漏稅情形並已補繳所漏稅款及加計利息者。

　④營利事業銷售貨物或勞務時，誤用前期之統一發票交付買受人，在未經他人檢舉及未經稽徵機關或財政部指定之調查人員進行調查前，已自動向主管稽徵機關報備，其有漏報繳情形並已補報、補繳所漏稅款及加計利息者。

(2)依營業稅法第五十一條規定應處罰鍰案件之免罰標準：

　①每期所漏稅額[211]在新臺幣 2,000 元以下者。

---

[210]　稅務違章案件減免處罰標準第二條、第十五條、第十六條、第二十三條、第二十四條規定。

[211]　依財政部 83.3.23 台財稅第 831587725 號函釋，所稱每期所漏稅額係指如一

②海關代徵營業稅之進口貨物，其所漏稅額在新臺幣 5,000 元以下者。

③使用電磁紀錄媒體或網際網路申報營業稅之營業人，因登錄錯誤❷⑫，其多報之進項稅額占該期全部進項稅額之比率及少報之銷項稅額占該期全部銷項稅額之比率，均在 5% 以下者，免予處罰。

(3)依營業稅法第五十一條規定應處罰鍰案件之減輕或免罰標準：

①使用電磁紀錄媒體或網際網路申報營業稅之營業人，因登錄錯誤，其多報之進項稅額占該期全部進項稅額之比率及少報之銷項稅額占該期全部銷項稅額之比率，均在 7% 以下，除符合前款規定者外，按所漏稅額處 0.5 倍之罰鍰。

②申報書短報、漏報銷售額，致短報、漏報營業稅額，而申報時檢附之統一發票明細表並無錯誤或短、漏載者，按所漏稅額處 0.5 倍之罰鍰。

③營業人依兼營營業人營業稅額計算辦法規定，於每期或每年度最後一期按當期或當年度不得扣抵比例調整計算稅額時，因計算錯誤，致短報、漏報稅額者，按所漏稅額處 0.5 倍之罰鍰。

(4)依營業稅法第四十八條規定應處罰鍰案件，營業人如係使用收銀機開立統一發票，其開立統一發票所載銷售額❷⑬在新臺幣 1,000 元以下者，免予處罰。

(5)依營業稅法第四十五條及第四十六條第一款規定應處罰鍰案件，營業人經主管稽徵機關第一次通知限期補辦，即依限補辦者，免予處罰。

次查獲數期時，每期所漏稅額。

❷⑫　所稱「登錄錯誤」，係泛指使用媒體申報之營業人登錄進銷項資料所發生之各種錯誤，包括資料登錄錯誤、漏登錄及重複登錄等情形。

❷⑬　依財政部 88.1.21 台財稅第 881894327 號函釋，所稱「其開立統一發票所載銷售額」，如稽徵機關一次查獲某一營業人有多張統一發票未蓋發票專用章，係按每次查獲之各張統一發票合計銷售額。

(6)稅務違章案件應處罰鍰金額在新臺幣 300 元以下者，免予處罰。

(7)納稅義務人、扣繳義務人、代徵人、代繳人有下列情事之一者，不適用減輕或免予處罰：

　　①一年內有相同違章事實三次❷以上者。

　　②故意違反稅法規定者。

　　③以詐術或其他不正當方法逃漏稅捐者。

　　適用上述免予處罰之案件仍應列計違章次數。例如短漏開發票罰鍰金額在新臺幣 300 元以下雖免處漏稅罰，但一年內達三次者，仍應處以停止營業處分。

　　另營業人憑證遭火燒毀，已於申報期限內向主管稽徵機關報備，其因故未能如期申報該期銷售額、應納或溢付稅額，准予補稅免罰❷。又營業人統一發票及有關帳冊憑證因案被法院扣押，致無法正確申報當期銷售額與稅額，僅以估計方式申報，嗣後如發現短漏報情事，准予補稅免罰❷。

四、其他相關規定

1.從新從輕原則

　　營業稅法第五十三條之一規定，營業人違反本法後，法律有變更者，適用裁處時之罰則規定。但裁處前之法律有利於營業人者，適用有利於營業人之規定。另稅捐稽徵法第四十八條之三亦有裁罰適用從新從輕原則之規定❷。

---

❷　依財政部 83.3.23 台財稅第 831587725 號函釋，所稱違章事實次數係指查獲次數。

❷　財政部 79.12.11 台財稅第 790437705 號函。

❷　財政部 84.7.25 台財稅第 841638141 號函。

❷　稅捐稽徵法第四十八條之三規定，納稅義務人違反本法或稅法之規定，適用裁處時之罰則規定。但裁處前之法律有利於納稅義務人者，適用最有利於納

2.解釋函令使用之原則

稅捐稽徵法第一條之一規定，財政部依本法或稅法所發布之解釋函令，對於據以申請之案件發生效力。但有利於納稅義務人者，對於尚未核課確定之案件適用之。

關鍵詞

⊙ 行為罰　⊙ 漏稅罰　⊙ 擇一從重　⊙ 漏稅額　⊙ 調查基準日

自我評量

1. 何謂行為罰？試簡述營業稅法有關行為罰的規定。
2. 營業稅法條文有哪些漏稅罰之規定？其內容為何？其差異何在？
3. 營業稅法第五十一條所謂的「漏稅額」，應如何認定？
4. 何謂擇一從重？營業稅法內或與稅捐稽徵法間，有關擇一從重處罰之規定有哪些？
5. 何謂調查基準日？營業稅查核案件調查案件之調查基準日各為何時？
6. 營業人適用調查基準日免罰之規定者，應完成何等程序？

税義務人之法律。

第3篇

貨物稅制度與實務

第十二章 貨物稅的性質與沿革

　　貨物稅是選擇某些特定貨物課徵銷售稅的一種稅制，課徵的範圍包括進口品及國產品，但只選擇在它進入市場的第一個時點課稅，國產品選擇在出廠時，進口品在進口時課徵，在此時點課徵後其商品繼續流轉，就不再課徵相同的稅賦，所以稱為單一階段的銷售稅。其所課徵的稅賦，在理論上希望能隨著價格的移轉，轉嫁給最終消費者負擔，故在屬性上屬於間接稅的一種。

　　我國貨物稅的徵收歷史悠久，唐代時的貨物稅就有酒稅、茶稅和礦稅，清代徵收釐金，對通過釐站抽取 1% 釐捐，各省釐金林立，重重徵收，在稅制上有很大的缺點，及至國民政府奠都南京，致力於租稅改革，開徵捲菸統稅及麥粉特稅，民國二十年實施裁撤釐金，並開徵棉紗、火柴、水泥統稅，與捲菸統稅及麥粉特稅，並稱為五種統稅❶。

　　統稅是我國貨物稅的前身，為我國貨物稅稅制奠立良好基礎，現行之貨物稅條例是民國三十五年八月修正貨物稅暫行條例而來，歷年來有多次的修法，主要是課稅項目的檢討修正。適宜課徵貨物稅的產品，原則上以生產集中、產量較大、較標準化且非生產原料亦非民生必需品者為對象。哪些產品適宜課徵貨物稅也會因時代的變遷，有不同的界定標

---

❶　引自《中華民國稅務通鑑》〈第五章貨物稅〉，九十年版，中國租稅研究會編印。

準，所以隨時檢討刪除不宜課徵貨物稅之產品，並重新尋找適宜課徵之項目，是不可避免的。貨物稅的課稅項目經過多次的檢討修正，目前僅剩下七大類，但某些課稅項目是否適宜再繼續課徵貨物稅，有待檢討。未來稅制改革的方向，應是轉變成符合環境保護、節約能源、國民健康維護等特定目的而課徵之綠色稅制，大幅刪除現行之課稅項目，應是不可避免之趨勢。

⊙銷售稅　⊙統稅　⊙釐金　⊙轉嫁　⊙綠色稅制

 自我評量

1.貨物稅的特徵是什麼？
2.貨物稅制未來的改革方向如何？

第十三章　貨物稅現行制度

第一節 應稅項目及稅率結構

　　現行貨物稅的課稅項目計有橡膠輪胎、水泥、飲料品、平板玻璃、油氣類、電器類、車輛類等七大類。其中水泥及油氣類這兩項應稅貨物，自民國八十四年七月一日起改採從量課徵外，其餘的課稅項目目前尚採從價課稅。詳細之課稅細目及稅率結構如下表：

表 13–1　現行貨物稅的應稅項目及稅率結構表❷

應稅項目	稅率及稅額	備　註
一、橡膠輪胎		
1.大客車大貨車使用者	從價徵收 10%	內圈直徑 17 吋以上者❸
2.其他各種橡膠輪胎	從價徵收 15%	

---

❷　貨物稅條例第二章第六條至第十二條規定。

❸　貨物稅稽徵規則第三條規定。

❹　行政院 88.12.29 臺 88 財第 47031 號函「為配合提升傳統產業競爭力方案，卜特蘭高爐水泥貨物稅之從量稅額，自八十九年一月一日起，由每公噸新臺幣二八〇元調降為一九六元。」

應稅貨物	稅率及稅額	備　註
二、水泥		
1.白水泥或有色水泥	每公噸從量徵收 600 元	
2.卜特蘭水泥	每公噸從量徵收 320 元	
3.卜特蘭高爐水泥	每公噸從量徵收 280 元	目前徵收 196 元❹
4.代水泥及其他水泥	每公噸從量徵收 440 元	
三、飲料品		
1.稀釋天然果蔬汁	從價徵收 8%	
2.其他飲料品	從價徵收 15%	
四、平板玻璃	從價徵收 10%	
五、油氣類		
1.汽　油	每公秉從量徵收 6,830 元	
2.柴　油	每公秉從量徵收 3,990 元	
3.煤　油	每公秉從量徵收 4,250 元	
4.航空燃油	每公秉從量徵收 610 元	
5.燃料油	每公秉從量徵收 110 元	
6.溶劑油	每公秉從量徵收 720 元	
7.液化石油氣	每公噸從量徵收 690 元	
六、電器類		
1.電冰箱	從價徵收 13%	
2.彩色電視機	從價徵收 13%	
3.冷暖氣機		
(1)中央系統型冷暖氣機	從價徵收 15%	
(2)其他冷暖氣機	從價徵收 20%	
4.除濕機	從價徵收 15%	
5.錄影機	從價徵收 13%	
6.電唱機	從價徵收 10%	
7.錄音機	從價徵收 10%	
8.音響組合	從價徵收 10%	
9.電烤箱	從價徵收 15%	

七、車輛類		
1.汽　車		
(1)小客車		
汽缸排氣量 2,000 立方公分以下	從價徵收 25%	電動汽車減半徵收
汽缸排氣量 2,001 立方公分以上	從價徵收 35%，民國 96 年起從價徵收 30%	
(2)貨車、大客車及其他車輛	從價徵收 15%	
2.機　車	從價徵收 17%	電動機車減半徵收

上述應稅項目中採從量課徵的兩項貨物，水泥及油氣類，為了平衡從量課稅在通貨膨脹物價上漲時，稅收缺乏彈性的缺點，其相關條文中都有一項特殊規範：「行政院得視其實際情況在其規定應徵稅額 50% 以內予以增減」❺。也就是說行政院可視實際情況在其法定稅額 50% 以內可彈性增減其從量稅額，無需經過立法院審議。現行應稅項目中「卜特蘭高爐水泥」即配合政策減徵為每公噸從量徵收新臺幣 196 元。

第二節　課徵方式及稅源分析

貨物稅的課徵方式一般有從價課徵及從量課徵兩種，從價課徵的課稅基礎是銷售價格，課稅項目會採取從價課徵的方式，主要是強調它的公平性，銷售價格較高者所課徵的稅賦較重，相對價格較低者應負擔的稅賦則較輕。所以，一般以財政目的出發，選擇課稅項目來課徵特別銷售稅時，大都會採取從價課徵。而從量課稅係採固定的從量稅額，按銷售數量多少來計算應納稅額，其課稅的基礎與價格無關，也不強調其租稅負擔的公平性。會採取從量的方式來課稅，大部分係著眼於其課徵的

❺　貨物稅條例第七條及第十條規定。

目的與該項貨物的外部成本有關，例如它是一項能源產品，是一項會製造污染的貨物，或一項擬達到寓禁於徵目的的商品。諸如此類的貨物，大都會採取從量課徵的方式來課稅。現行貨物稅條例中的兩項應稅貨物，水泥及油氣類即基於其是污染性商品或能源產品，故自民國八十四年七月一日起由從價課稅改採從量課徵，未來貨物稅如果朝綠色稅制規劃，全部改採從量課稅將較簡化稽徵。

　　現行的貨物稅稅收占國稅收入的比重約 12.1%，而在貨物稅所有應稅項目中，油氣類的稅收比重約占五成八，車輛類約占三成，兩者是貨物稅的主要稅收來源，而這兩項貨物在經濟景氣時，稅收會自然成長，故貨物稅稅收的徵績如何，也可當為經濟景氣的先行指標。貨物稅九十二年度的稅收分析如下表 13-2：

表 13-2　九十二年度貨物稅稅收分析表

單位：千元

應稅項目	全年徵起數	百分比 %
合　計	146,011,511	100.00%
一、橡膠輪胎	1,300,566	0.89%
二、水泥	5,087,103	3.49%
三、飲料品	3,234,084	2.21%
1.稀釋天然果蔬汁	257,853	0.18%
2.其他飲料品	2,974,009	2.03%
四、平板玻璃	367,861	0.25%
五、油氣類	85,145,667	58.31%
1.汽　油	49,105,100	33.63%
2.柴　油	11,124,266	7.62%
3.煤　油	73,462	0.05%
4.航空燃油	19,149,633	13.12%

5. 燃料油	1,285,543	0.88%
6. 溶劑油	191,989	0.13%
7. 液化石油氣	4,195,822	2.88%
六、電器類	6,269,519	4.30%
1. 電冰箱	942,491	0.64%
2. 彩色電視機	1,065,678	0.73%
3. 冷暖氣機	2,945,715	2.02%
4. 除濕機	67,557	0.05%
5. 錄影機	480,606	0.33%
6. 電唱機	19,184	0.01%
7. 錄音機	259,418	0.18%
8. 音響組合	356,281	0.25%
9. 電烤箱	132,589	0.09%
七、車輛類	44,606,711	30.55%
1. 汽　車	41,242,410	28.25%
2. 機　車	3,364,301	2.30%

資料來源：財政部民國 93 年 2 月 11 日編製稅收正式統計月報。

　　行政院財政改革委員會已將貨物稅課稅項目的修正，列入未來二年或六年的中期改革措施，依其初步決議擬修正貨物稅條例，取消橡膠輪胎、飲料品、平板玻璃及電器類的貨物稅課徵，而將水泥、油氣類、車輛類貨物稅的徵收，轉變成符合環境保護、節約能源、國民健康維護等特定目的而課徵的綠色稅制。為彌補該項課稅項目的刪減所造成的稅收損失，規劃同時提高營業稅稅率為 6% 或 7%❻。

---

❻　引用行政院財政改革委員會民國九十二年一月八日審查決議。

第三節　課徵時點及納稅義務人

　　貨物稅的徵收只有選擇一個時點課徵,也就是應課徵貨物稅的貨物,進入市場的第一個點執行稽徵。依現行貨物稅條例的規範,國產品是在貨物產製完成出廠時課稅, 進口品是選擇在應稅貨物進口時, 被提領出關前繳交貨物稅❼。國產品如果設置有廠外未稅倉庫時, 課徵時點移至貨物由廠外未稅倉庫提領出庫時繳交貨物稅;而進口貨物如進口後隨即轉入保稅倉庫者, 係選擇由保稅倉庫提領出庫時, 申報繳交貨物稅。

　　國產貨物是在貨物出廠時課徵, 所以其納稅義務人即為貨物之產製廠商,由產製貨物之廠商負責申報繳稅, 有委託代製貨物之情況時也相同, 貨物由哪個地方產製出廠, 原則上其製造者即需負責申報繳稅, 除非委託代製者,自己向稽徵機關提出申請由其當納稅義務人, 但委託者也必須是貨物稅的產製廠商才可以。至於進口貨物, 因是在貨物進口時,委由海關於徵收關稅時一起代徵貨物稅, 故其納稅義務人是準用關稅法之相關規定, 收貨人、提貨單或貨物持有人都可以作為納稅義務人❽。

第四節　免稅及退稅規定

　　貨物稅的徵收是選擇某些特定貨物去執行課稅, 既然是為特定目的選擇貨物來稽徵, 基本上即不宜有太多免稅條款, 以干擾選擇其課徵特種消費稅的用意, 所以貨物的免稅情形並不多, 只有下列五種情形可以免徵貨物稅❾:

　　(1)用作製造另一應稅貨物之原料者。

---

❼　貨物稅條例第二條,貨物稅應於應稅貨物出廠或進口時徵收之。

❽　貨物稅條例第二條規定。

❾　貨物稅條例第三條規定。

⑵運銷國外者。

⑶參加展覽並不出售者。

⑷捐贈勞軍者。

⑸經國防部核定直接供軍用之貨物。

　　貨物於出廠或進口時已經課徵過貨物稅的貨物，依現行貨物稅條例規定，遇有下列情形時，可申請退還原先繳納之稅捐❿：

⑴運銷國外者。

⑵用作製造外銷物品之原料者。

⑶滯銷退廠整理，或加工精製同品類之應稅貨物者。

⑷因故變損，不能出售者。

⑸在出廠運送或存儲中，遇火焚毀或落水沉沒及其他人力不可抵抗之災害，以致物體消滅者。

第五節　完稅價格的計算

　　採從價徵收的課稅項目，因其徵收與該貨物之銷售價格有關，故從價課稅的計算基礎，也就是貨物稅完稅價格的計算，對徵納雙方而言相當重要，計算的正確與否，攸關其稅賦是否公平。國產貨物因係於出廠時課徵，出廠點只有出廠時之銷售價格，故計算完稅價格係以出廠銷售價格作基礎還原計算。因出廠銷售價格內含貨物稅款，所以計算完稅價格時，首先必須先扣除內含稅款。其計算公式如下：

完稅價格 ＝ 銷售價格 ÷（1 ＋ 稅率）❶ ⋯⋯⋯ 公式一

　　該項出廠銷售價格在現行貨物稅條例定義為「係指產製廠商當月份銷售貨物予批發商之銷售價格，其無中間批發商者，得扣除批發商之毛

---

❿　貨物稅條例第四條規定。

❶　貨物稅條例第十三條規定。

利⓬。」故產業之銷售型態如有中間批發商者用公式一計算，無中間批發商者，其完稅價格之計算公式如下：

完稅價格＝（銷售價格－批發毛利）÷（1＋稅率）⋯⋯⋯公式二

至於進口貨物完稅價格之計算，則比國產貨物單純。進口品是選擇在進口時課徵，該時點並無該貨物之銷售價格，但有計算該貨物進口稅捐之關稅完稅價格，故以該關稅完稅價格作為計算基礎，因該價格並未含貨物稅款，所以計算進口品之貨物稅完稅價格時，僅需將關稅完稅價格加上關稅即得⓭。公式如下：

完稅價格＝關稅完稅價格＋進口稅捐（關稅）

第六節　稽徵及報繳

貨物稅的稽徵管理，於民國七十九年大幅修正後，已刪除貨物稅駐廠徵稅及評定稅價制度，全部參考各國之課稅趨勢，改採申報管理。即應繳交之貨物稅額，包括各項貨物之完稅價格，都由納稅義務人自行依貨物稅條例規範的公式計算，政府不再公告稅價，每月出廠應繳納之貨物稅額，依自行計算之完稅價格乘以稅率及數量，於次月十五日前自行向公庫繳納後，依財政部規定之申報書表格式，向所轄之稽徵機關辦理申報即可⓮。稽徵機關收件後再就申報異常案件作選案查核，所以係採事後例外之管理。其應申報之書表如下⓯：

(1)計算稅額申報書。

(2)繳款書證明聯。

(3)完稅價格計算表。

⓬　貨物稅條例第十四條規定。

⓭　貨物稅條例第十八條規定。

⓮　貨物稅條例第二十三條規定。

⓯　貨物稅稽徵規則第四十七條規定。

(4)產銷月報表。

(5)各項證照使用情形月報表。

(6)採購免稅原料使用情形月報表。

(7)其他財政部規定的書表。

　　至於進口貨物亦採申報課稅制度，貨物進口時由納稅義務人自行向海關申報，由海關於徵收關稅時一起代徵貨物稅❶。進口貨物與國產貨物最大之差異，係進口貨物必須於進口時申報繳稅，並無次月十五日再申報繳納上月稅款之規範。

　　貨物之稽徵除了採申報管理外，目前還採照證及登記管理。所謂的照證管理即所有應稅貨物不管免稅或完稅，均須有照證隨貨運行，透過照證之隨時稽查，管理其是否依規定申報繳稅❶；而登記管理是掌握貨物稅產製廠商，基礎課稅資料的一種制度。貨物稅產製廠商必須於產製應稅貨物前，向主管稽徵機關辦理廠商登記及產品登記❶，未經辦理登記即私自產製應稅貨物出廠者，即涉及逃漏貨物稅。

第七節　罰　則

　　貨物稅目前係採申報制度，國產貨物上月之應納稅額，應於次月繳納並辦理申報，未依期限辦理者，稽徵機關會催報其三天內補報，在規定期限內補報者，僅處罰其應納稅額 10% 之滯報金，金額不得少於新臺幣 3,000 元。但於補報期限仍未辦理申報繳稅者，應按主管稽徵機關調查核定之應納稅額，加徵 20% 怠報金，金額不得少於新臺幣 9,000 元 ❶。

---

❶　貨物稅條例第二十三條規定。

❶　貨物稅條例第二十一條「完稅或免稅貨物，均應向主管稽徵機關或海關領用貨物稅照證」。

❶　貨物稅條例第十九條「產製廠商應於開始產製貨物前，向工廠所在地主管稽徵機關申請辦理貨物稅廠商登記及產品登記」。

另外，納稅義務人有下列情形者，稽徵機關除通知補辦或改正外，亦可處新臺幣 9,000 元以上 30,000 元以下之罰鍰❷：

⑴未依規定辦理廠商登記或產品登記者。

⑵未依規定報告或報告不實者。

⑶產製廠商對原料領用或貨物銷存，未依規定保有原始憑證者。

　　以上都屬於行為罰部分，尚未涉及逃漏稅。若涉及逃漏行為者，依現行貨物稅條例之規定，係採重罰原則，除應補徵稅款外，還須按補徵稅額處 5 倍至 15 倍罰鍰，下列情形即屬逃漏行為❷：

⑴未依規定辦理廠商及產品登記，擅自產製應稅貨物出廠者。

⑵應稅貨物查無照證或核准之替代憑證。

⑶以高價貨物冒充低價貨物者。

⑷免稅貨物未經補稅，擅自銷售或移作他用者。

⑸將貨物稅照證及貨物稅繳款書，私自竄改或重用者。

⑹廠存原料或成品數量，查與帳表不符，確係漏稅者。

⑺短報或漏報出廠數量者。

⑻短報或漏報銷售價格或完稅價格者。

⑼於停止貨物出廠期間，擅自產製應稅貨物出廠者。

⑽國外進口之應稅貨物，未依規定申報者。

⑾其他違法逃漏、冒領或冒充退稅者。

---

❶　貨物稅條例第二十九條規定。

❷　貨物稅條例第二十八條規定。

❸　貨物稅條例第三十二條規定。

關鍵詞

⊙ 應稅項目　⊙ 從價課稅　⊙ 從量課稅　⊙ 課徵時點　⊙ 納稅義務
人　⊙ 產製廠商　⊙ 完稅價格　⊙ 出廠銷售價格　⊙ 批發毛利
⊙ 申報課稅　⊙ 關稅完稅價格　⊙ 滯報金　⊙ 滯納金　⊙ 擅自銷售
⊙ 擅自產製

自我評量

1. 現行貨物稅的應稅項目有哪七大類？

2. 現行貨物稅的應稅項目中有哪幾類是採從量課稅？

3. 國產貨物與進口貨物，其貨物稅的課徵時點為何？

4. 可以免徵貨物稅的情形為何？

5. 國產及進口貨物其完稅價格之計算公式有何不同？

6. 國產貨物應如何申報繳交貨物稅？

7. 未依規定辦理廠商登記或產品登記，擅自產製應稅貨物出廠，應
　 處罰則為何？

第十四章 貨物稅稽徵實務

第一節 廠商登記

依現行貨物稅的稽徵方式，進口貨物是隨時進口，隨時申報繳稅，但國產貨物則由納稅義務人於次月十五日前申報繳稅即可。所以對進口貨物在稽徵上並未做特別管理，但國產貨物因有延後繳稅的規範，故現行稽徵規定，國內應稅貨物的產製廠商，應於產製應稅貨物前，向工廠所在地的稽徵機關辦理貨物稅廠商登記❷。辦理廠商登記時應檢附工廠登記證影本、公司登記有關資料及營業登記有關證件，填具廠商設立登記申請書及廠商登記表❸，廠商登記表應記載下列事項：廠商名稱、營利事業統一編號及地址。

(1)組織種類。

(2)資本總額。

(3)負責人姓名、出生年月日、國民身分證統一編號、戶籍所在地地址、職稱及其印鑑。

(4)廠外未稅倉庫之名稱及地址。

---

❷ 貨物稅條例第十九條規定。

❸ 貨物稅稽徵規則第十一條規定。

⑸主要機器設備之名稱及地址。

上述廠商登記所載事項有變更者，應於事實發生之日起十五日內，向稽徵機關申請變更登記；產製廠商歇業時，亦應於事實發生之日起十五日內向主管稽徵機關申請註銷登記，同時將生產機器與存餘原料之讓售或存置情形一併報明，其有未經完稅貨物，仍應繳清稅款，如有違章案件，應俟結案方准註銷登記。

第二節　產品登記

國內產製廠商除了於產製應稅貨物前，需辦理貨物稅廠商登記外，尚須就其擬產製之貨物辦理產品登記。辦理產品登記時，應檢附樣品四吋照片及使用圖樣或包裝用紙，向主管稽徵機關洽編產品統一編號，並填具產品登記申請表，載明下列事項❷❹：

⑴產品名稱、使用圖樣、規格。

⑵所用重要原料之名稱及使用單位數量。

⑶包裝材料、包裝方法與每一單位內含容量或淨重。

⑷預計製造成本、利潤及不含稅款之銷售價格。

⑸是否專供外銷。

⑹是否與同一組織內之其他工廠產品之品質、規格相同。

貨物稅廠商登記及產品登記是貨物稽徵管理上重要的一環，廠商登記除了掌握廠商之製造規模和基本資料外，對其機器設備之產能也列入未來稽徵查核勾稽很重要的參考資料；另外在產品登記部分，除了掌握其預計之製造成本及銷售價格外，最主要是掌握各項產品之主要原料及使用數量，以作為將來由原物料之耗用，勾稽查核其申報出廠數量有無異常。

---

❷❹　貨物稅稽徵規則第十條規定。

第三節　照證管理

依現行貨物稅條例規定，完稅或免稅貨物，均須向主管稽徵機關或海關領用貨物稅照證❷❺。而貨物稅照證係由稽徵機關及海關製發，進口貨物由納稅義務人申報繳納稅款後，憑繳款書向海關換發。國產貨物則由產製廠商於每月初先預領使用，惟請領時應依規定格式填具領用收據，並當場點收，妥慎保管使用，並於次月十五日前編造各項照證使用情形月報表，連同填用稅照的第二聯，送請主管稽徵機關查核。

貨物稅照證的種類目前計有三種❷❻：

(1)完稅照：完稅貨物的憑證，現行貨物稅之稽徵係用藍色印製。

(2)免稅照：核准免稅貨物之憑證，現行貨物稅之稽徵係用橘紅色印製。

(3)臨時運單：為未稅、記帳或免稅貨物之臨時移運之憑單，現行貨物稅之稽徵係用白色印製。

第四節　帳簿設置

貨物稅之稽徵目前係由產製廠商自行申報繳稅後，稽徵機關作例外的選案查核。所以，產製廠商應設置並保存足以正確計算貨物稅之帳簿、憑證及會計紀錄，供稽徵機關隨時查核，在整個稽徵管理上是很重要的。

依現行貨物稅條例及稽徵規則的規範，貨物稅產製廠商除了應依稅捐稽徵機關管理營利事業會計帳簿憑證辦法規定，設置並保存帳簿、憑證及會計紀錄外❷❼，尚須設置下列補助帳簿❷❽：

---

❷❺　貨物稅條例第二十二條規定。

❷❻　貨物稅稽徵規則第二十一條規定。

❷❼　貨物稅稽徵規則第六十條規定。

❷❽　貨物稅稽徵規則第六十一條規定。

(1)原料明細分類帳。

(2)製成品明細分類帳。

(3)倉儲登記簿。

(4)免稅登記簿。

(5)加工外銷登記簿。

(6)退廠整理及改裝改制登記簿。

(7)原料免稅登記簿。

(8)領用貨物稅各項照證登記簿。

綜上，貨物稅之產製廠商，對所有與貨物稅有關之行為，尤其是原物料之耗用、產製貨物之進銷存儲情形，都需隨時設簿記載，以供稽徵機關隨時查核。

第五節　未稅貨物之移運

貨物稅係出廠稅，所以貨物一出廠其納稅義務即產生。其有未稅貨物需移運出廠之情形只有兩項，一為移運未稅貨物至廠外未稅倉庫，一為移運未稅貨物至廠外之加工部門。

依貨物稅條例及稽徵規則現行規定，產製廠商需將未稅貨物移存於廠外未稅倉庫時，得向倉庫所在地的稽徵機關申請設立未稅倉庫，倉庫所在地的稽徵機關於核准登記時，再將資料通報產製廠商所在地的主管稽徵機關❷。所以，設置有廠外未稅倉庫者，其稅款之繳納，係延至未稅貨物由未稅倉庫復運出倉時申報繳稅，並應將每月未稅貨物之移運及進出倉情形，向所轄主管稽徵機關分別申報。至於其未稅貨物由產製廠商移運出廠時，係逐次填用臨時運單出廠，而由未稅倉庫提領出倉時，因需申報繳稅，故係填用完稅照隨貨運行。

---

❷　貨物稅稽徵規則第六十二條規定。

產製廠商如因自設包裝與生產部門不在同一處所，除該包裝部門需辦理登記外，其未稅貨物互為移運時，須逐次自行填用臨時運單憑運❸⓿。

第六節　　免稅原料採購

產製廠商產製應稅貨物，擬以另一應稅貨物為原料者，依現行貨物稅條例規定，買進該原料時，為避免重複課稅，用作製造另一應稅貨物之原料，出廠時可以先予免稅❸①，俟其製造完成另一應稅貨物時，再申報繳稅。

在稽徵管理上，產製者擬採購該項免稅原料製造另一應稅貨物時，應依規定填具採購原料免稅申請書及擬產製貨物所需原料計算表，申請主管稽徵機關核准免徵貨物稅之採購數量，再憑核准之採購原料免稅申請書，向國內產製廠商購用應稅原料，或自國外進口❸②。若無該項經稽徵機關事先核准之免稅原料採購申請書，原料之產製廠商或海關，將無從據以免予徵收貨物稅。故依現行規定，產製廠商採購應稅原料製造另一應稅貨物，若未依規定辦理免稅採購手續，自行向市場採購已稅貨物為原料者，不予退稅❸③。又該採買進廠之免稅原料，應依規定設簿記載其入廠、領用及核銷事項，未經稽徵機關核准，亦不得轉供他廠使用❸④。

---

❸⓿　貨物稅稽徵規則第六十四條規定。
❸①　貨物稅條例第三條「用作製造另一應稅貨物之原料者，免徵貨物稅」。
❸②　貨物稅稽徵規則第七十四條、第七十五條規定。
❸③　貨物稅稽徵規則第七十九條規定。
❸④　貨物稅稽徵規則第七十八條規定。

關鍵詞

⊙廠商登記　⊙產品登記　⊙未稅倉庫　⊙產品統一編號　⊙完稅
照　⊙免稅照　⊙臨時運單　⊙出廠稅　⊙未稅貨物移運　⊙免稅
原料採購

自我評量

1.貨物稅透過何種制度建立產製廠商的基本稅籍資料?

2.貨物稅目前所使用的照證有哪幾種? 其用途為何?

3.移入未稅倉庫之貨物應於何時申報繳稅?

4.免稅原料採購的程序如何辦理?

第4篇

菸酒稅制度與實務

第十五章　菸酒稅的性質與沿革

　　臺灣的菸酒，於日據時代開始即實施專賣制度。民國三十六年五月在臺灣省政府之下設菸酒公賣局，專賣菸酒之行政管理及產製輸銷❶。在專賣制度之下，停徵了所有稅目，包括進口關稅、營業稅和貨物稅，僅徵收菸酒公賣利益。

　　菸酒專賣制度之實施，因公賣利益的徵收，對國家財政的貢獻良多，但在經濟自由化、國際化的潮流下，及菸酒公賣局兼具產銷與行政管理的雙重角色，其公賣利益之徵收，未能符合 WTO 國民待遇及透明化原則的規範，雖然於民國七十五年後逐漸開放外國菸酒進口，但改制回歸稅制公平課稅的聲浪不斷。為了配合 WTO 入會案，菸酒專賣終於於九十年十二月三十一日走入歷史，自九十一年一月一日起菸酒回歸稅制課徵。

　　菸酒稅與貨物稅的屬性相同，菸酒原先之規範即屬貨物稅條例中的一項課稅貨物，為了配合國際課稅體例，於專賣改制時始修法刪除貨物稅條例中菸酒兩項課稅項目，單獨立法規範菸酒課徵特種消費稅之有關事宜，即民國九十一年一月一日開始施行之菸酒稅法。菸酒稅雖然屬性和稽徵方式與貨物稅大同小異，但其課徵的目的，除了財政需要外，尚

---

❶　引自《中華民國稅務通鑑》〈第六章菸酒專賣與菸酒稅〉，九十年版，中國租稅研究會編印。

包括了社會政策目的，含有很強烈的寓禁於徵的特性，故採從量課徵。

⊙ 專賣制度　⊙ 公賣利益　⊙ 國民待遇　⊙ 寓禁於徵

 自我評量

1. 在菸酒實施專賣制度課徵公賣利益時，停徵了哪些稅目？
2. 菸酒稅法何時開始實施？

第十六章　菸酒稅現行制度

第一節　課稅項目及定義

　　菸酒稅法的課稅項目顧名思義,只有菸和酒兩項貨物。在採從量課稅的制度下,菸和酒各有其課稅分類和定義,菸分為紙菸、菸絲、雪茄、其他菸品四類;酒依其製造方法和使用原料的不同,分為釀造酒類、蒸餾酒類、再製酒類、米酒、料理酒、其他酒類和酒精等七類,而釀造酒類又細分啤酒及其他釀造酒兩項。

　　菸與酒在菸酒稅法有其個別的規範和定義,符合其定義之菸酒,才需課徵菸酒稅,課稅範圍與貨物稅相同,包括國產及進口菸酒,只要其在國內被消費就必需課徵菸酒稅。有關其定義分述如下❷:

一、菸

　　指全部或一部以菸草或其代用品作為原料,製成可供吸用、嚼用、含用或聞用之製成品。其分類如下:

1.紙　菸

　　指將菸草切絲調理後,以捲菸紙捲製,加接或不接濾嘴之菸品。

---

❷　菸酒稅法第二條。

2.菸　絲

指將菸草切絲，經調製後可供吸用之菸品。

3.雪　茄

指以雪茄種菸草，經調理後以填充葉為蕊，中包葉包裹、再以外包葉捲包成長條狀之菸品，或以雪茄種菸葉為主要原料製成，菸氣中具有明顯雪茄菸香氣之非葉捲雪茄菸。

4.其他菸品

指紙菸、菸絲、雪茄以外之菸品。

二、酒

指含酒精成分以容量計算超過 0.5% 之飲料、其他可供製造或調製上項飲料之未變性酒精及其他製品。但不包括菸酒管理法第四條得不以酒類管理之酒類製劑。其分類如下：

1.釀造酒類

指以穀類、水果類及其他含澱粉或糖分之植物為原料，經糖化或不經糖化釀製之下列含酒精飲料。

(1)啤酒：指以麥芽、啤酒花為主要原料，添加或不添加其他穀類或澱粉為副原料，經糖化發酵製成之含碳酸氣酒精飲料，可添加或不添加植物性輔料。

(2)其他釀造酒：指啤酒以外之釀造酒類，包括各種水果釀造酒、穀類釀造酒及其他經釀造方法製成之酒類。

2.蒸餾酒類

指以穀類、水果類及其他含澱粉或糖分之植物為原料，經糖化或不經糖化，發酵後，再經蒸餾而得之含酒精飲料。

3.再製酒類

指以酒精、蒸餾酒或釀造酒為基酒，加入動植物性輔料、藥材、礦物或其他食品添加物，調製而成之酒類，其抽出物含量不低於 2% 者。

4.米　酒

指以米類為原料，採用阿米諾法製造，經蒸煮、糖化發酵、蒸餾、調合酒精而製得之酒，其成品酒之酒精成分以容量計算不超過 20%，在包裝上標示專供烹調用酒之字樣者。

5.料理酒

以穀類或其他含澱粉之植物性原料，經糖化後加入酒精製得的產品為基酒；或直接以釀造酒、蒸餾酒、酒精為基酒；加入 0.5% 以上之鹽，添加或不添加其他調味料，調製而成供烹調用之酒。

6.其他酒類

指前五目以外之酒類，包括粉末酒、膠狀酒、含酒香精、蜂蜜酒及其他未列名之酒類。

7.酒　精

凡含酒精成分以容量計算超過 80% 之未變性酒精。

依上述菸和酒的定義，菸僅對菸的製成品課徵，菸的半成品及原料如薰菸葉等，不列入課稅範圍；但酒除了對酒的製成品課徵外，其半成品或原料，有部分也列入課稅範圍，但僅有酒精一項，而且依其定義僅對未變性酒精課徵，已被添加變性劑變性過的酒精，因其用途已不能製酒，故不列入酒稅的課稅範圍。

第二節　從量稅額及稅源分析

菸酒因其課徵菸酒稅的目的，內含寓禁於徵的社會政策目的在，依世界各國的課稅體例，大都採取從量徵收的方式，我國民國七十六年開放進口之菸酒，依中美菸酒協議的規範，亦採從量數額徵收菸酒公賣利益數。又菸酒議題在 WTO 各會員國多邊或雙邊的諮商談判過程中，亦均提議我國採取從量課稅體制，以符合國際課稅潮流及國民待遇原則，故我國的菸酒稅制採從量課徵。其從量稅額如下表 16-1❸：

表 16–1　菸酒稅從量稅額表

課稅項目及分類	計稅單位	從量數額	備　註
一、菸			
1.紙　菸	千支	590 元	另加徵健康福利捐 500 元❹
2.菸　絲	公斤	590 元	另加徵健康福利捐 250 元
3.雪　茄	公斤	590 元	另加徵健康福利捐 250 元
4.其他菸品	公斤	590 元	另加徵健康福利捐 250 元
二、酒			
1.釀造酒類			
(1)啤　酒	公升	26 元	
(2)其他釀造酒	公升	每一度 7 元	依酒精度課稅
2.蒸餾酒類	公升	185 元	
3.再製酒類	公升	超過 20 度 185 元 20 度以下一度 7 元	依酒精度不同，課不同稅額
4.米　酒	公升	民國 91 年 150 元 民國 92 年 185 元	
5.料理酒	公升	22 元	
6.其他酒類	公升	每一度 7 元	依酒精度課稅
7.酒　精	公升	11 元	

　　菸酒自民國九十一年一月一日回歸稅制課稅後，課徵之菸酒稅加計營業稅及關稅，與回歸稅制前之公賣利益徵收數相當。另除了菸酒稅之徵收外，菸品因有菸害之問題存在，故需另外加徵菸品健康福利捐，但酒類不需要，菸品需加徵之健康福利捐金額如表 16–1。菸酒稅因只開徵兩年，茲分析九十一及九十二年度的徵收數如下表 16–2：

❸　菸酒稅法第七條及第八條。
❹　菸酒稅法第二十二條。

16-2　菸酒稅實徵數分析表

單位：千元

應稅項目	91 年度實徵數	92 年度實徵數	百分比 %
菸　　稅	19,584,253	24,054,969	48%
酒　　稅	21,603,798	25,717,662	52%
菸酒稅合計	41,188,051	49,772,631	100%
健康福利捐	8,298,000	10,216,000	（菸品）

資料來源：財政部編製稅收正式統計月報。

第三節　　課徵時點及納稅義務人

　　菸酒稅與貨物稅相同，只選擇一個時點課稅，於該時點課徵完了菸酒稅，貨物繼續行銷販售不再重複課徵。故菸酒稅的課徵亦選擇在菸酒出廠或進口時徵收❺。菸酒稅與貨物稅之規範較不同之處，是菸酒稅法中對於部分尚未出廠的貨物，有視為出廠先執行課稅的規定，而貨物稅條例對相同之情形尚乏周延之規範。在菸酒稅的規定中，下列情形應視為出廠❻，在廠內執行稽徵：

　(1)在廠內供消費者。

　(2)在廠內加工為非應稅產品者。

　(3)在廠內因法院強制執行或其他原因而移轉他人持有者。

　(4)產製廠商申請註銷登記時之庫存菸酒。

　　有關菸酒稅納稅義務人的規範，則與貨物稅幾乎雷同，但對於拍賣貨物及免稅貨物移轉時，究應由誰當納稅義務人，在菸酒稅法中有較周

❺　菸酒稅法第三條。
❻　菸酒稅法第三條。

延之規定，依菸酒稅法之規定其納稅義務人❼如下：

(1)國內產製之菸酒，為產製廠商。

(2)委託代製之菸酒，為受託之產製廠商。

(3)國外進口之菸酒，為收貨人、提貨單或貨物持有人。

(4)法院及其他機關拍賣尚未完稅之菸酒，為拍定人。

(5)免稅菸酒因轉讓或移作他用而不符免稅規定者，為轉讓或移作他用之人或貨物持有人。

第四節　免稅及退稅規定

　　已納菸酒稅的貨物，可以辦理退稅的情形與貨物稅幾乎一樣，但可以免徵菸酒稅的情形，則較貨物稅條例的規範少，捐贈勞軍及直接供軍用的貨物，可以免徵貨物稅，但依菸酒稅法的規定，則無免徵菸酒稅的適用，故兩種稅目雖然性質相似，有些規範還是有些許差異。茲就菸酒稅免稅及可以辦理退稅的規範分述如下：

　　菸酒有下列情形之一者，免徵菸酒稅❽：

(1)用作產製另一應稅菸酒者。

(2)運銷國外者。

(3)參加展覽，於展覽完畢原件復運回廠或出口者。

(4)旅客自國外隨身攜帶之自用菸酒或調岸船員攜帶自用菸酒，未超過政府規定之限量者。

　　已納菸酒稅之菸酒，有下列情形之一者，退還原納菸酒稅❾：

(1)運銷國外者。

(2)用作製造外銷物品之原料者。

---

❼　菸酒稅法第四條。

❽　菸酒稅法第五條。

❾　菸酒稅法第六條。

⑶滯銷退廠整理或加工為應稅菸酒者。

⑷因故變損或品質不合政府規定標準經銷毀者。

⑸產製或進口廠商於運送或存儲菸酒之過程中，遇火焚毀或落水沉沒及其他人力不可抵抗之災害，以致物體消滅者。

第五節　稽徵及報繳

菸酒稅與貨物稅的性質相同，其稽徵管理也大致一樣，所不同者是貨物稅採證照管理，菸酒稅沒有，至於廠商及產品登記管理和申報制度，都與貨物稅相同。進口應稅菸酒，納稅義務人應向海關申報，並由海關於徵收關稅時代徵之；國產菸酒產製廠商當月份出廠菸酒之應納稅款，應於次月十五日以前自行向公庫繳納，並依照財政部規定之格式填具計算稅額申報書，檢同繳款書收據向主管稽徵機關申報。無應納稅額者，仍應向主管稽徵機關申報❿。應檢附的申報書表如下⓫：

⑴繳款書證明聯。

⑵計算稅額申報書。

⑶產銷月報表及免稅菸酒出廠明細表。

⑷採購免稅原料使用情形月報表。

⑸出廠送貨單使用情形月報表。

⑹未稅倉庫進出倉情形月報表。

⑺其他財政部規定之書表。

菸酒稅之繳納除了國產菸酒出廠及進口菸酒進口時需申報繳稅外，其實還有法院強制執行拍賣未稅私菸私酒，如何申報課稅的問題，依現行菸酒稅法之規範，遇有法院及其他機關拍賣尚未完稅之菸酒，該稅法

❿　菸酒稅法第十二條。

⓫　菸酒稅稽徵規則第十三條。

明定由拍定人於提領前向所在地主管稽徵機關申報納稅 ❶，這一部分因貨物稅沒有私菸私酒沒入情形，故未規範。

第六節　罰　則

　　菸酒稅的罰則和貨物稅一樣，有行為罰和漏稅罰，又菸酒除了有菸酒稅法作稽徵管理外，其商品管理的部分還有菸酒管理法，依菸酒管理法的規範，未經其許可核准產製的菸酒屬私菸私酒，必須予以沒入，但該沒入的私菸私酒，若經檢驗無礙人體健康，才可以執行拍賣，拍賣時方需補徵稅款；反之，如檢驗不合格將全數銷毀，因貨物本體已不存在，無法被消費，當然無課徵特種消費稅的問題。故私菸私酒須先回歸菸酒管理法處理，而菸酒稅的罰則係純粹處理逃漏稅的部分。有下列逃漏菸酒稅的情形除補徵菸酒稅及菸品健康福利捐外，按補徵金額處 1 倍至 3 倍之罰鍰 ❸：

　⑴未依菸酒稅法規定辦理廠商及產品登記,擅自產製應稅菸酒出廠者。

　⑵依菸酒稅法規定停止出廠期間，擅自產製應稅菸酒出廠者。

　⑶國外進口之菸酒，未申報繳納菸酒稅及菸品健康福利捐者。

　⑷免稅菸酒未經補徵菸酒稅及菸品健康福利捐，擅自銷售或移作他用者。

　⑸廠存原料或成品數量，查與帳表不符者。

　⑹短報或漏報應稅數量者。

　⑺菸酒課稅類別申報不實者。

　⑻其他違法逃漏菸酒稅或菸品健康福利捐者。

　　而違反行為罰部分，有下列情形之一者，處新臺幣 10,000 元以上

---

❶　菸酒稅法第十二條。

❸　菸酒稅法第十九條。

50,000 元以下罰鍰，並通知其依限補辦或改正；屆期仍未補辦或改正者，得連續處罰❶:

(1)未依規定申請廠商及產品登記者。

(2)未依菸酒稅稽徵規則之規定報告或報告不實者。

(3)產製廠商未依菸酒稅法規定設置或保存帳簿、憑證或會計紀錄者。

第七節　健康福利捐之加徵及分配

菸品有菸害的問題，不論吸菸者或吸二手菸者，吸入菸品都對人體健康有害。故菸品除了需課徵菸稅外，尚須加徵菸品健康福利捐，但酒類尚無加徵健康福利捐的規定。依菸酒稅法的規範，菸品健康福利捐應徵金額❶如下:

(1)紙菸: 每千支徵收新臺幣 500 元。

(2)菸絲: 每公斤徵收新臺幣 500 元。

(3)雪茄: 每公斤徵收新臺幣 500 元。

(4)其他菸品: 每公斤徵收新臺幣 500 元。

前項所徵健康福利捐金額，依法徵收後可以專款專用，依菸酒稅法的規定，依法稽徵之健康福利捐應用於全民健康保險安全準備、中央與地方之菸害防制、衛生保健及社會福利等四項用途❶。其分配及運作辦法，由財政部訂定後報立法院審查，依其所訂的辦法 90% 應用於全民健康保險安全準備，10% 用於菸害防制、衛生保健、社會福利。

---

❶　菸酒稅法第十六條。

❶　菸酒稅法第二十二條。

❶　菸酒稅法第二十二條。

關鍵詞

⊙釀造酒類　⊙蒸餾酒類　⊙再製酒類　⊙料理酒　⊙酒精　⊙酒精成分　⊙從量課稅　⊙課徵時點　⊙視為出廠　⊙納稅義務人　⊙產製廠商　⊙行為罰　⊙漏稅罰　⊙私菸私酒　⊙採購免稅原料　⊙產銷月報表　⊙健康福利捐

 自我評量

1. 依菸酒稅法的規範,「酒」分幾類課稅?
2. 依菸酒稅法的規範,「酒」的定義是什麼?
3. 料理用酒與飲用酒的區隔,必需添加何物?其添加的百分比為何?
4. 依現行菸酒稅法的規範,有哪些酒類係按酒精度的不同課徵酒稅?
5. 依菸酒稅法的規範,有哪些情形應「視為出廠」在廠內執行課稅?
6. 國產及進口菸酒的納稅義務人為誰?
7. 菸品除了課徵菸稅外,還需加徵何種捐費? 此項捐費專款專用的用途為何?

第十七章　菸酒稅稽徵實務

第一節　廠商登記

　　菸酒是列入特殊商品管理，所以在專賣改制後其產製與進口，都須經過菸酒管理機關的許可，產製廠商於取得許可執照後，於開始產製前，尚須向工廠所在地的主管稽徵機關辦理廠商登記❶。辦理時應填具菸酒稅廠商登記申請書，檢同菸酒製造業許可執照影本、工廠登記證影本、營業登記有關證件及廠商登記表等文件，送主管稽徵機關，經審查相符後准予登記❶。廠商登記表內應記載下列事項❶：

(1)廠商名稱、菸酒製造業許可執照號碼、營利事業統一編號及地址。

(2)組織種類。

(3)資本總額。

(4)負責人姓名、出生年月日、身分證統一編號、戶籍所在地地址、職稱及其印鑑。

(5)廠外未稅倉庫之名稱及地址。

(6)主要機器設備之名稱與生產能量。

---

❶　菸酒稅法第九條規定。

❶　菸酒稅稽徵規則第五條規定。

❶　菸酒稅稽徵規則第四條規定。

　　前項登記事項如果有變更，產製廠商依法應向主管稽徵機關申請變更登記，重新填具廠商登記表，註明變更事項，並檢送變更部分證件及其影本。如果擬停止產製菸酒，產製廠商應依本法向主管稽徵機關申請註銷登記，並將生產機器及存餘原料之讓售或存置情形一併報明；如有未經完稅菸酒，應繳清稅款及菸品健康福利捐；如有違章案件，應俟結案，始准註銷登記。

第二節　產品登記

　　產製廠商辦完廠商登記後，於開始產製菸酒前，尚須向主管稽徵機關洽編產品統一編號，檢同樣品四吋照片，並填具產品登記申請表，向主管稽徵機關辦理產品登記[20]。前項產品登記申請表，應載明下列事項[21]：

(1)產品名稱、規格、菸酒類別、酒精成分及添加物。

(2)製造過程及使用原料。

(3)包裝材料、包裝方法及每一單位內含容量或淨重。

(4)是否專供外銷。

(5)是否與其他工廠產品之品質及規格相同。

　　產製廠商受託代製菸酒，依前條規定辦理產品登記時，尚須檢附經財政部核准文件及委託代製合約書，一併送請主管稽徵機關審查。如委託與代製廠商不在同一稽徵機關轄境者，受託廠商之主管稽徵機關於核准產品登記時，應檢同委託代製合約書及產品登記申請表，通報委託廠商所在地主管稽徵機關[22]。又菸酒不論在國內產製或自國外進口，其使用之包裝上均應以中文載明菸酒之品名、產製廠商名稱、地址、主要原

[20]　菸酒稅稽徵規則第八條。

[21]　菸酒稅稽徵規則第八條。

[22]　菸酒稅稽徵規則第九條。

料、酒精成分、內含容量或淨重。米酒及料理酒之包裝標示，除依前述規定辦理外，米酒應標示專供烹調用酒字樣，料理酒應標示加鹽之百分比❷❸。

第三節　帳簿設置

　　為方便主管稽徵機關選案查核菸酒稅申報案件，確認其申報出廠數量及應繳稅款是否正確，菸酒稅法亦明訂，產製廠商應依規定設置並保存足以正確計算菸酒稅之帳簿、憑證及會計紀錄❷❹。所以各菸酒產製廠商除應依稅捐稽徵機關管理營利事業會計帳簿憑證辦法之規定，設置並保存帳簿、憑證及會計紀錄外，並應設置下列帳冊及憑證❷❺：

　(1)原料明細分類帳：依各主要原料之進貨發票，及製造部門之領料、退料憑證等記載。
　(2)製成品明細分類帳：依製造部門之交班竣工報告表，及其入倉、出廠或移付加工通知單等，按類名分別記載。
　(3)倉儲登記簿：各倉儲分別設立，並依原料、製成品及半製品等收發數量記載。
　(4)外銷免稅登記簿：依外銷免稅事項之出廠明細，包括品名、規格、數量、出廠日期、出廠送貨單號碼及銷案情形記載。
　(5)退廠整理及改裝改製登記簿：依銷貨退回，及有關倉儲、加工等紀錄憑證，分別按退廠整理及改裝改製情形，詳實記載掉換、補充或損耗之數量。
　(6)採購免稅原料登記簿：依菸酒加工為另一菸酒之免稅原料（包括本廠製造或採購自用加工，提供他廠加工之免稅原料）之入廠、領用

❷❸　菸酒稅稽徵規則第十條規定。
❷❹　菸酒稅法第十一條規定。
❷❺　菸酒稅稽徵規則第二十條規定。

及核銷情形記載。

(7)包裝及容器使用登記簿：依各種菸酒包裝及容器之購進、使用及結存情形記載。

(8)出廠送貨單：依出廠日期、收貨人、品名、規格、數量，並區分完稅、免稅、未稅移運，分別編字軌序號記載。

第四節　未稅貨物之移運

　　產製廠商需將其所產製未稅菸酒移存廠外專用倉庫者，得向倉庫所在地主管稽徵機關申請設立未稅倉庫；倉庫所在地主管稽徵機關於核准設立時，應通報產製廠商所在地主管稽徵機關。產製廠商移運未稅菸酒，應逐次自行填發出廠送貨單；其未稅移運菸酒復運出倉時，應依規定申報繳稅及菸品健康福利捐❷❻。又每月未稅菸酒移運情形，應於次月十五日前檢同產銷月報表，送請主管稽徵機關查核。未稅菸酒進出倉庫情形，並應列表送請未稅倉庫所在地主管稽徵機關查核❷❼。

　　產製廠商如因自設之包裝與生產部門不在同一處所，須將未稅菸酒互為移運者，應逐次自行填發出廠送貨單。包裝部門之設立，應先向設立處所所在地主管稽徵機關申請核准❷❽。

第五節　免稅原料採購

　　產製廠商產製菸酒，使用另一菸酒為原料，為了避免重複課稅，依法可申請免稅原料採購，這一部分的處理程序都與貨物稅相同。首先由購買免稅原料者，向所轄主管稽徵機關提出申請採購免稅原料，申請主

---

❷❻　菸酒稅稽徵規則第二十一條規定。
❷❼　菸酒稅稽徵規則第二十二條規定。
❷❽　菸酒稅稽徵規則第二十三條規定。

管稽徵機關核准免徵菸酒稅者，應填具三聯式之免稅原料申請書，甲聯由稽徵機關抽存，其餘二聯於簽章後，依下列規定辦理❷：

(1)產製廠商向國內產製廠商直接購用或進用應稅原料者，應將該項申請書二聯送各該原料供應廠商。供應廠商依規定填發出廠送貨單後，將乙聯抽存；丙聯簽註實際免稅出廠數量及日期後，於次月申報時一併檢送所在地稽徵機關備查。

(2)產製廠商進口應稅原料，應將該項申請書二聯一併送請海關免代徵菸酒稅。海關免稅放行後，將乙聯抽存；丙聯簽註實際免稅放行數量及日期後，送進口廠商所在地主管稽徵機關備查。

產製廠商購用或進用免稅之原料，應於進廠驗收後即登載於採購免稅原料登記簿。又該採購進來之免稅原料，未經主管稽徵機關核准，是不得轉供他廠使用❸。產製廠商使用菸酒為原料製造另一菸酒，未依規定辦理免稅手續，自行使用已稅菸酒為原料者，不予退還菸酒稅及菸品健康福利捐❹。

關鍵詞

◉廠商登記　◉產品登記　◉未稅倉庫　◉出廠送貨單
◉免稅原料採購

---

❷　菸酒稅稽徵規則第三十一條規定。
❸　菸酒稅稽徵規則第三十二條規定。
❹　菸酒稅稽徵規則第三十三條規定。

自我評量

1. 菸酒係列入特殊商品管理，在辦理菸酒稅廠商登記前，需先取得何種執照？

2. 國產及進口菸酒如何申報課徵菸酒稅？

第 **5** 篇

關稅制度與實務

第十八章　關稅的意義、性質與沿革

第一節　關稅之意義

關稅 (Customs, Customs Duties, Tariffs) 係指對通過某一國家關稅領域之貨物❶，依據法律或條約規定所課之租稅而言。即國家對貨物之通過其國境，不論是由海港、陸地或空中，為達到財政目的、經濟目的或社會目的所課之稅❷。因而通過國境之貨物，必須依規定向海關辦理報關、納稅等手續。

---

❶　「關稅領域」(Customs Boundary, Customs Territory) 係指關稅法之效力所及之範圍而言。「關稅線」係指課徵關稅區域之界線而言。凡貨物通過此「線」輸入課稅，即應課徵關稅；不通過或未通過此「線」之貨物不課徵關稅。任何一個獨立的國家，都有關稅線之設定，但關稅線並不一定即等於國境線，如早期之內地關稅，在國境內設有若干之「關稅區」(如我國過去之「常關稅」)，貨物每進入一個關稅區即課一次「關稅」；以及如近代各國加強國際經濟合作，聯合鄰近幾個國家組成「區域關稅聯盟」(如 EEC 組成之「歐洲共同市場」，成員國間相互輸出入貨物均互享免關稅待遇，但「區域」外貨物輸入則應課徵關稅，故其關稅線已超越各個成員國之國境線)。

❷　陳琮，《關稅之理論與制度》，臺北市：中國財政學會，民國五十六年十一月增訂版，第一頁。

　　通關貨物依其通關之方式可分為進口貨物、出口貨物和轉口貨物。所稱進口貨物，係指自國外輸入本國之貨物，如對進口貨物課徵關稅，稱之「進口稅」；所稱出口貨物，係指自本國輸出國外之貨物，如對出口貨物課徵關稅，稱之「出口稅」；所稱轉口貨物，係指從國外運卸本國口岸，經轉換運輸工具，再轉運至目的地口岸之貨物。惟如運輸工具所載貨物運達本國口岸未經下卸，仍由原運輸工具載運至他國口岸，稱之為過境貨物，如對他國通過本國之過境貨物課徵關稅，稱之「過境稅」❸。

　　目前世界上大多數國家為促進轉口貿易之發展，俾有利於交通和倉儲業之繁榮，已不再課徵過境稅，僅少數國家對天然的獨占品課徵出口稅，而大多數國家均僅課徵進口稅。我國於關稅法特明文規定：「本法所稱關稅，指對國外進口貨物所課徵之進口稅」。故就我國而言，所稱關稅即「進口稅」。

第二節　關稅之課徵範圍──進口貨物

　　我國所稱關稅，係指對國外進口貨物所課徵之進口稅，關稅依其性質，屬消費稅之一種。以「國外進口貨物」作為課徵範圍，關稅之課徵範圍具有兩大特徵：一為以進口貨物為課徵對象，二為該貨物須自國外進口。茲分析說明如次：

一、以進口貨物為課徵對象

　(1)關稅係以國外進口之貨物作為課徵對象：關稅之性質屬對物稅，貨物應具有民法「動產」之概念，因而該貨物必兼有「貨」及「物」之特性。至勞務進口則非屬關稅之課徵範圍。

　(2)進口貨物須屬合法進口之貨物：法律規定不得進口或禁止輸入之物

---

❸　張鴻春，《關稅概論》，世界書局，民國六十九年六月初版，第三頁。

品，不得進口，例如妨害國家安全及公序良俗、妨害貨幣鈔券、危害國民健康及侵害智慧財產權之貨品自不得進口❹，亦無關稅之課徵問題。

(3)關稅之稅捐客體為進口貨物：海關為便利稽徵及貿易統計需要，其商品分類係依海關進口稅則由海關從價或從量徵收，故凡進口貨物其商品之分類，均應歸入適當之稅則號別內。

二、該貨物須自國外進口

(1)須具備進口之事實：對自國外進口貨物，經過本國國境關卡時，即應課徵關稅。至何謂進口，其學說甚多，有關稅線通過說、入港說、領海說、卸貨說、提貨說、自由流通說。

(2)須自國外進口：進口貨物如純粹在國外生產製造而後進口，自應課徵關稅，惟進口貨物並不以在國外產製為限，如在國內之保稅區（保稅工廠、加工出口區、科學工業園區）生產再轉售國內課稅區，則屬視同進口，亦應課徵關稅。又如國產品出口後因故復運進口，除法律另有免稅規定外亦應課徵關稅。

(3)貨物須經抵境、入港、通關之階段，始具備進口之要件：貨物須進入關稅領域且其運入之貨物須經通商口岸，並向海關辦理報關、納稅等手續，經繳稅放行後提貨。惟如該貨物運入「保稅區」係屬保稅性質，可暫時免除關稅之繳納，且因該等貨物屬保稅貨物，應由海關監管，如原貨退運出口或製造加工成產品外銷者，得免徵關稅。

---

❹ 關稅法第六條規定，已明定進口貨物之納稅義務人。例如某甲擬向法院承購某乙股份有限公司廠房及設備，則某甲應代替繳清某乙全部所欠之關稅。

第三節　關稅之課徵主體——納稅義務人

關稅之納稅義務人，依據關稅法第六條規定「關稅納稅義務人為收貨人、提貨單或貨物持有人。」

⑴所稱收貨人，指提貨單或進口艙單記載之收貨人。

⑵所稱提貨單持有人，指因向收貨人受讓提貨單所載貨物而持有貨物提貨單，或因受收貨人或受讓人委託而以自己名義向海關申報進口之人。

⑶所稱貨物持有人，指持有應稅未稅貨物之人，如關稅法第五十五條所稱之貨物持有人或受讓人等。

第四節　關稅之性質

關稅係國家對通過關稅領域之貨物，依據法律或條約規定，加以課徵之稅。茲就關稅之性質分析說明如次：

1.關稅係國家為財政收入目的加以課徵之稅

關稅係指對通過國境之貨物所課徵之稅，有進口稅、出口稅、過境稅。由於稅基廣，收入大，且稽徵便利，可適應政府之財政需要，在賦稅結構中，關稅占賦稅收入之比例，有其重要之地位。

2.關稅係依據法律或條約規定加以課徵之稅

關稅依據「租稅法律主義」之原則，應以法律定之，故關稅之課徵及減免，必須依據法律所定加以課徵。另關稅之課徵應依據國際條約之規定辦理，在國際協定上，通常有減免稅或降低稅率之協定。一般而言，條約具有與國內法——即法律相同之效力，就關稅法與國際條約之關係而言，條約有優先關稅法之適用。

3.關稅係對進出關稅領域之貨物加以課徵之稅

　　所謂「關稅領域」(Customs Boundary, Customs Territory) 係指關稅法之效力所及之範圍而言。關稅領域與國家之統治領域稍有不同，一般而言，關稅領域與統治領域未必一定相同，在一個統治領域內，可能有數個關稅領域，如自由港；同時亦有數個統治領域，合併成一個關稅領域，如關稅同盟。

　　關稅係對輸入關稅領域之貨物或自關稅領域輸出之貨物及通過關稅領域之貨物加以課徵。目前幾乎所有國家僅課徵進口稅，而課徵過境稅之國家尚付闕如。至於出口稅，只有少數國家限對某一特殊獨占物品加以課徵，因此關稅亦可稱之為進口稅。

4.關稅係對物稅、隨時稅

　　關稅係對輸出入之貨物加以課徵，因此屬於對物稅，與所得稅或財產稅係對人課徵之對人稅迥異。

　　關稅係對物稅，僅以貨物之數量或價格作為課稅基準加以課徵，由於未考慮納稅人之租稅負擔能力，因此較對人稅缺乏其公平性。同時以「有體物」為原則，至其有體物中無經濟價值之自由財則除外，又屬於無體物之專利權、商標權，其價格如加於商品價格交易時，則亦為關稅之課徵對象。

　　關稅之繳納時期不似所得稅屬定期性繳納，係貨物於通過國境時，發生課稅要件而隨時加以徵收，因此關稅屬隨時稅之性質。

5.關稅之轉嫁與歸宿

　　關稅係間接稅之一種，其納稅者與擔稅者不一。通常將納稅者所負擔之稅轉嫁於擔稅者謂之租稅轉嫁，關稅之情形亦同，即直接繳納關稅者，可將稅款轉嫁於最終消費者負擔，此即為租稅之歸宿。

　　關稅之歸宿係由消費大眾加以負擔之租稅，因此其負擔不宜過重。一般而言，對直接消費財所課徵之關稅，係由消費者或使用者加以負擔，至於對原料、半成品之間接消費財所課徵之關稅，透過生產銷售階段，最後亦將會轉嫁於消費者或使用者負擔。

6.關稅之貿易障礙

一般而言,「關稅、數量限制、外匯管制」為自由貿易之三大障礙。數量限制及外匯管制屬直接管制手段,關稅為間接管制手段。就關稅之貿易管制措施而言,又可分為關稅稅率之管制及關稅制度之管制。至關稅以外之其他所有貿易障礙,稱之為非關稅障礙 (Non-tariff Barriers, NTB)。

第五節　海關設置之沿革

關稅為古老之稅制之一,國家常在各交通要衝設置關卡,對通過關卡之貨物課稅。我國最早在國境設置機構對進出口貨物課稅,始於唐初在廣州、泉州、杭州、明州(即今浙江定海)四地之市舶司,由市舶司主管。其後宋、元、明三代大體因襲舊制,清初對外貿易僅限於廣州、澳門二地。至康熙二十三年(西元 1684 年)設置四關,即粵海關(廣東澳門)、閩海關(福建漳州)、浙海關(浙江寧波)、江海關(鎮江西門外),改市舶使為海關監督。清朝素持閉關政策,乾隆二十三年(西元 1757 年),僅限廣州一地為唯一對外通商,並設海關。嗣後又依據條約對外開放長江、珠江各口岸通商,普設海關。咸豐八年(西元 1858 年)以後依據天津條約附約之中英通商章程規定,邀請英人幫助辦理稅務,並仿效西制改組海關,設置「海關總稅務司署」,掌理各關區海關業務。總攬全國徵稅事宜者為總稅務司,各關則由稅務司主掌,當時並引用外人主政,以英籍為主,而原由本國政府派任之海關監督,不再直接辦理徵稅業務,改居監督稽徵地位。

光緒二十八年八國聯軍訂立辛丑條約,清廷賠款四億五千萬兩,以關稅收入作抵押,海關由洋人主持。迨至民國十七年中美訂定新約,美國承認我關稅自主,半年內十二個國家相繼隨之,至民國十八年二月,我國關稅恢復完全自主。截至我國抗戰勝利,分布於全國之海關已有江

海關、浙海關、潘海關、蘭州關等三十六個關區。臺灣光復後，本省亦設立海關，以濁水溪為界，以北稱臺北關，總關設於基隆，以南稱臺南關，總關設於高雄。民國三十八年春，海關總稅務司署奉命隨政府遷臺，五十八年為應業務發展需要，將關區重予調整，除將臺北市劃出，另設臺北關辦理全國沖退稅業務及空運客貨檢查稽徵外，並將原臺北關改名為基隆關，臺南關改名為高雄關。六十五年十月又設立臺中關。臺北關為配合中正國際機場（現改名為桃園國際機場）啟用，於六十九年一月，除退稅組、駐郵局支所、臺北機場辦事處仍留臺北辦公外，其餘單位均已遷往桃園中正機場，故目前有基隆、臺北、臺中、高雄四個關區。

　　海關創立於清咸豐四年（西元 1854 年），迄今已一百四十餘年，為因應時代變遷、提升關務行政效率及技術水準，人事制度與業務範圍亦隨之變更，其演變可分為四個階段❺：

　1.第一階段

　　從海關開創至民國六十年六月三十日，人事組織大致仿英國之文官制度。業務方面分為稅務與海務兩大系統，稅務部門再就工作之性質分為徵稅（內勤）、查驗（外勤）及巡緝（外勤）三種；海務部門則分為巡工、港務、燈塔及運輸四種，惟遷臺後不再管轄港務。

　2.第二階段

　　從民國六十年七月一日至八十年二月二日，以海關業務特性為主，參考郵政、電信等機構之人事制度，採行資位職務分立制度，分為關務與技術兩大類，並分為監、正、高員、員、佐五階，內外勤人員相互交流，除機關名稱及少數職稱繼續沿用外，已非往日之英國制度。

　3.第三階段

　　民國八十年二月一日，「關務人員人事條例」、「財政部關稅總局組織

---

❺　《中華民國賦稅史》，財政部財稅人員訓練所，民國八十一年三月初版，第五五二～五五四頁。

條例」及「財政部關稅總局各地區關稅局組織通則」奉總統令公布，同年二月三日起，海關之組織及人事制度正式法制化。關務人員官職等，依照公務人員任用法之規定，並分關務、技術兩類，各分為監、正、高員、員及佐五官稱。機關名稱由原「海關總稅務司署」更名為「關稅總局」，各關更名為關稅局；首長名稱亦由「總稅務司」更名為「總局長」，「稅務司」更名為「局長」，完全擺脫英國文官制度，使海關的人事制度邁入另一個里程❻。

4.第四階段

　　民國八十九年二月一日起，配合海岸巡防法之制定及行政院海岸巡防署海洋巡防總局成立，將巡緝艦八艘及其員工 457 人一併移撥，海關緝私範圍重新調整，負責通商口岸（包括港區錨地及其鄰近水域）之緝私；近年來，海關為積極推動國際關務合作及風險管理策略，先後於關稅總局成立徵課處第五科（國際關務）、查緝處第三科（情資系統）、第四科（專家系統）及驗估處第四科，以因應業務需要。

---

❻　自民國三十八年十二月政府遷臺，海關總稅務司美國籍的李度 (Lester K. Little) 隨政府來臺，民國三十九年李度被調為財政部顧問，由國人方度、羅慶祥接任總稅務司，此為現代中國海關史的一個新里程。自英籍李泰國接任海關總稅務司以來，有英人赫爾、裴士楷 (Rohert E. Bredon 代理)、安格聯、易紈士（代理）、梅樂和 (Frederick W. Maze)、朱雷（C. H. B. Foly 代理），以迄美國人李度等多位外人擔任總稅務司。李度退休時也是最後一名服務海關的外籍人員。繼方度、羅慶祥後，任總稅務司者有張申福、曲樹楨、王樹德、袁寶鑑、鄭欽明、詹德和為總稅務司。又海關總稅務司署於民國八十年二月三日改制為關稅總局，由詹德和接任首任總局長。

關鍵詞

⊙關稅 ⊙進口稅 ⊙出口稅 ⊙過境稅 ⊙關稅領域 ⊙關稅納稅義務人 ⊙關稅之轉嫁與歸宿 ⊙關稅之貿易障礙

 自我評量

1. 請說明關稅之意義。目前我國對關稅之課徵對象為何？
2. 請就關稅之課徵範圍（關稅之客體）其內涵說明之。
3. 請就關稅之課徵主體（納稅義務人）說明之。
4. 請就關稅之性質說明之。

第十九章 現行關務行政組織與關務法規

第一節 現行關務行政組織

　　海關是國家對進出口貨物監督管理機構。海關之任務是依照關稅法監督進出境之運輸工具、貨物、行李物品、郵包物品和其他物品，徵收關稅和其他稅、費，查緝走私並編成貿易統計資料和代辦其他相關業務。

　　財政部為全國關務行政之主管機關，其下設有關政司、關稅總局及各地區關稅局。民國七十一年三月，財政部為強化關務政策之幕僚作業、簡化機關層級，將原關務署改制為關政司，負責有關關稅政策及關稅制度之規劃、關稅稅則及關務法規之擬訂、解答、關稅稽徵業務之考核及關務之涉外事項等；另關務業務之執行機關於民國八十年二月由海關總稅務司署改制為關稅總局，原基隆、臺北、臺中、高雄關分別改制為基隆、臺北、臺中、高雄關稅局。

一、關政司之組織與職掌

　　關政司係財政部之幕僚單位，負責全國關稅政策與關稅制度之規劃、關稅法規之擬訂及國際關務活動之推動，其下除設有專門委員負責研究、計畫、總核稿等，及督察室專司關務風紀監察之外，並分設四科，掌理

如下事項❼：
　(1)關稅政策及關稅制度之規劃。
　(2)關稅稅則之擬訂、解答。
　(3)關務法規之擬訂、解答及審核。
　(4)關稅稽徵業務之考核。
　(5)關稅免稅、減稅、緩徵、退稅、保稅之審核。
　(6)緝私法規之擬訂、緝私業務之規劃、督導及協調、處理。
　(7)稅則分類估價爭議之評議及緝私處分申訴案件之審議、處理。
　(8)涉外關務。
　(9)關務機構受託代徵稅費或代辦業務之聯繫、協調。
　(10)關務人員之考核。
　(11)關務之其他事項。

二、關稅總局之組織與職掌

　　關稅總局現行組織，置總局長 1 人、副總局長 2 人、主任秘書 1 人，設徵課、稅則、查緝、驗估、保稅退稅、海務、資料處理、總務八處；人事、統計、法制、會計、政風、督察六室及進口貨物原產地認定委員會等十五個單位。各處室下分科辦事，惟驗估處、保稅退稅處及海務處各科下分股辦事。關稅總局下轄基隆、臺北、臺中、高雄四關稅局。基隆、臺北、高雄三關稅局為一等關稅局，其下設組、室；臺中關稅局為二等關稅局，其下設課、室。各關稅局為應業務需要得於轄區內必要地點設分局、支局，目前計有八分局、五支局、一支局籌備處及金、馬二辦事處。掌理事項如次：
　⑴徵免關稅之核辦、核轉。
　⑵關稅稅則之研修建議。

---

❼　財政部稅制委員會，《財政年報》，民國九十二年，第一一八頁。

(3)私運貨物進出口之查緝。

(4)進口貨物價格之調查、審核。

(5)進出口貨物之化驗、鑑定。

(6)外銷品之進口原料保稅、退稅之核辦。

(7)燈塔及助航設備之建管、補給及無線電管理。

(8)關稅資料之建立處理。

(9)一般關務法規之研釋擬議。

(10)各地區關稅局設置之研擬。

(11)關務之其他事項。

三、各地關稅局之職掌

(1)進口關稅之徵課。

(2)貨物稅、營業稅及其他稅捐之代徵。

(3)出口貨物通關。

(4)私運貨物進出口之查緝及處理。

(5)運輸工具通關管理及報關行設置管理。

(6)進出口貨棧及貨櫃集散站之監管。

(7)保稅工廠、保稅倉庫、物流中心之設立、管理及考核。

(8)依法受託代辦業務。

(9)貨物進出特定地區通關事項。

(10)所屬巡緝艦艇及通訊設備管理、維護。

(11)其他關務事項。

四、各關稅局之沿革與特色

1.基隆關稅局

　　設立於民國三十四年十二月一日，原名臺北關，民國五十八年七月一日關區調整，更名為基隆關，民國八十年二月三日組織法制化，再更

名為基隆關稅局。業務轄區遼闊，包括基隆、臺北、蘇澳、花蓮四個港口，向南深入臺北、桃園、新竹內陸貨櫃站。通關單位最多，於五堵、六堵、桃園、花蓮、暖暖、蘇澳等地分別設立分、支局，又為配合小三通，在馬祖成立辦事處，辦理通關業務。

2.臺北關稅局

民國五十八年七月一日設立，原名臺北關，位於臺北松山機場，六十八年遷至桃園中正國際機場（現改名為桃園國際機場），八十年二月三日組織法制化，更名為臺北關稅局。主要業務為空運旅客及貨物與郵包之通關，新竹、花蓮以北保稅工廠之管理，以及新竹科學工業園區事業之保稅、通關業務。

3.臺中關稅局

民國六十五年十月三十一日配合臺中港第一期工程完成，國際港開放營運而設立，原名臺中關，八十年二月三日組織法制化，更名為臺中關稅局。進出口貨物原多為大宗貨物，性質單純，惟近年來各類雜貨及轎車進口數量持續增加，業務量已趨複雜並呈倍數成長。另轄麥寮工業港，並監管苗栗縣以南、雲林縣以北地區保稅工廠，臺中、中港兩加工出口區之保稅業務及中部地區（包括臺中市、臺中縣、彰化縣、南投縣）國際郵包進、出口通關業務。

4.高雄關稅局

設立於民國三十四年十二月一日，原名臺南關，五十八年七月一日關區調整，更名為高雄關，八十年二月三日組織法制化，再更名為高雄關稅局。業務轄區遼闊，包括高雄港、高雄國際機場、嘉義縣、臺東縣以南、澎湖縣與金門縣、離島等。業務項目齊全，包括海運、空運、客、貨進出口、查緝、保稅、加工出口區、科學工業園區、郵包、物流等項。為就近服務商民，目前設有前鎮分局、中興分局、高雄機場分局、加工出口區分局、臺南科學工業園區支局籌備處及金門辦事處等分支單位，辦理旅客及貨物進出口通關業務。

第二節　現行關務法規

　　我國之關稅法規體系，係以關稅法、海關進口稅則及海關緝私條例，即所謂「關稅三法」為中心而形成法規體系，茲分別說明如次：

1.關稅法

　　係規定關稅課徵之主體、客體、通關程序、稅款優待、特別關稅及罰則等有關事項，以為關稅稽徵之法律依據。

2.海關進口稅則

　　係規定貨品所適用之稅率，目前採用 HS 稅則分類，計分為二十一類，九十八章（其中第七十七章為空章），1,244 節（四位碼），5,224 目（六位碼），8,848 款（八位碼），11,187 項（十位碼）。稅則內稅率分為三欄，並列明其適用之國家。

3.海關緝私條例

　　係規定海關之職權負有私運貨物進出口查緝之任務，包括有關查緝範圍、扣押、罰則、處分程序及執行作業規定，以為查緝之法律依據。

　　關稅法所規定之事項，自應依各該法律規定辦理，但其實施時之手續等細節規定，當以各該法律訂定施行細則、組織規程、規則及有關辦法規定之。茲就關稅法立法授權財政部訂定之法規說明如表 19-1：

表 19-1　法規說明

	法規名稱（法源依據）
1	關稅配額實施辦法（關稅法第五條第二項）
2	貨物通關自動化實施辦法（關稅法第十條第三項）
3	通關網路經營許可及管理辦法（關稅法第十條第五項）
4	海關事後稽核實施辦法（關稅法第十三條第五項）
5	出口貨物報關驗放辦法（關稅法第十六條第二項）

6	進出口貨物預行報關處理準則（關稅法第十六條第三項）
7	進出口報關申報事項更正作業辦法（關稅法第十七條第七項）
8	優良廠商進出口通關辦法（關稅法第十九條第三項）
9	運輸工具進出口通關管理辦法（關稅法第二十條第三項）
10	進口貨物稅則預先審核實施辦法（關稅法第二十一條第四項）
11	報關業設置管理辦法（關稅法第二十二條第三項）
12	進出口貨物查驗準則（關稅法第二十三條第二項）
13	入境旅客攜帶行李物品報驗稅放辦法（關稅法第二十三條第二項及第四十九條第三項）
14	海關管理保稅運貨工具辦法（關稅法第二十五條第二項）
15	海關管理進出口貨棧辦法（關稅法第二十六條第二項）
16	海關管理貨櫃集散站辦法（關稅法第二十六條第二項）
17	快遞貨物通關辦法（關稅法第二十七條第二項）
18	進口貨物原產地認定標準（關稅法第二十四條第二項）
19	進口貨物先放後稅實施辦法（關稅法第四十四條第二項）
20	海關實施假扣押或其他保全措施之裁量基準及作業辦法（關稅法第四十八條第三項）
21	進口貨物低價免稅金額公告（關稅法第四十九條第二項）
22	駐華外交機構及其人員進口用品免稅辦法（關稅法第四十九條第三項）
23	政府派駐國外人員任滿調回攜帶自用物品辦法（關稅法第四十九條第三項）
24	軍用物品進口免稅辦法（關稅法第四十九條第三項）
25	救濟物資進口免稅辦法（關稅法第四十九條第三項）
26	教育研究用品進口免稅辦法（關稅法第四十九條第三項）
27	廣告品及貨樣進口通關辦法（關稅法第四十九條第三項）
28	郵包物品進口免稅辦法（關稅法第四十九條第三項）
29	船員國外回航或調岸攜帶自用行李物品進口辦法（關稅法第四十九條第三項）
30	貨物暫准通關辦法（關稅法第五十四條第二項）
31	減免關稅之進口貨物補稅辦法（關稅法第五十五條第四項）
32	保稅倉庫設立及管理辦法（關稅法第五十八條第四項）

33	海關管理保稅工廠辦法（關稅法第五十九條第三項）
34	物流中心貨物通關辦法（關稅法第六十條第四項）
35	免稅商店設置管理辦法（關稅法第六十一條第四項）
36	外銷品沖退原料稅辦法（關稅法第六十三條第五項）
37	平衡稅及反傾銷稅課徵實施辦法（關稅法第六十九條第四項）
38	貨棧貨櫃集散站保稅倉庫物流中心及海關指定業者實施自主管理辦法（關稅法第九十七條第三項）
39	進口貨物一定金額以下之稅款得予免徵公告（關稅法第九十九條）
40	海關徵收規費規則（關稅法第一〇一條）
41	關稅法施行細則（關稅法第一〇二條）

關鍵詞

◉ 海關　◉ 關政司　◉ 關稅總局　◉ 關稅法　◉ 海關緝私條例
◉ 海關進口稅則

自我評量

1. 請說明關政司與關稅總局其業務職掌有何不同？
2. 請就現行關務行政組織說明之。
3. 請說明關稅法及海關緝私條例之內涵，二者有何不同？
4. 依據關稅法立法授權訂定之法規有哪些？請列舉五個法規名稱。

第二十章　現行關稅制度

第一節　關稅行政業務之範圍

　　各國關稅行政業務之範圍，因國情不同，其業務範圍亦有所區別。一般而言，各國關稅行政機關除關稅稽徵及貨物查緝為海關專屬職掌外，尚有代徵其他稅、費，執行國家外匯及貿易管制措施，暨從事貿易統計或兼及修建維護助航設施，及其他事項等附屬業務。茲就我國現行關稅行政業務範圍說明如次：

一、關稅稽徵

　　海關依據關稅法、關稅法施行細則及海關進口稅則等法規，對進口貨物課徵進口關稅。

二、查緝走私

　　海關對進出口貨物無論為徵稅需要或貿易管制需要，實施查驗和檢查，並包括國際郵包及入出境旅客行李物品。所有到達與離境之貨物未在政府規定之對外開放通商口岸出入國境，均屬私運行為，一經海關查獲，即以走私論處。

三、退稅保稅

政府為鼓勵產品外銷，實施外銷退稅制度，外銷品使用之進口原料稅捐於成品出口後退還（退稅）或沖銷（沖稅）；實施保稅制度，保稅業務之範圍包括保稅倉庫、物流中心、保稅工廠、加工出口區、科學工業園區、農業科技園區及自由貿易港區，以簡化通關手續，減輕廠商資金負擔，增強國際競爭能力。

四、貿易統計

貨物之進出口，必須經過海關通關放行，故一國對外貿易實際情況，以海關之統計最為完備，海關貿易統計遂成為研究分析貿易問題最基本的資料，也成為政府釐訂財經政策之重要參考依據，目前海關編印之統計資料主要有《貿易統計月報》及《貿易統計年刊》等。

五、海務燈塔

為確保船隻航海安全，海關於環島沿海及外島各險要處設置燈塔及其他助航設備，並負責經常維護與補給，業務由海關負責並管理。

六、協助執行外匯貿易管理

海關根據管理外匯條例、貨品進出口審核準則，以及對旅客出入境攜帶金銀外幣加以查核是否合於規定，並就進出口貨物驗憑輸入或輸出許可證，核符後始予放行。

七、代徵稅費及代辦業務

海關受其他機關委託代辦之業務很多，一般而言可分為兩種：(1)代徵稅費，例如代徵進口貨物之貨物稅、營業稅及菸酒稅等。(2)受託對須取得主管機關核准始能進出口之貨物，代為查對與核銷各項許可文件，

例如進口藥品、書刊、無線電遙控器材、電信管制器材等。

　　綜上所述，海關之基本任務包括：①關稅稽徵；②查緝走私；③退稅保稅；④貿易統計；⑤海務燈塔。至兼負任務則包括：①配合經濟發展促進國際貿易；②執行管制政策保護商民權益；③維護善良風俗促進社會安寧；④提高保防警覺確保國家安全；⑤實施便民措施服務工商社會。海關業務之範圍已由單元性變為多元性，海關除肩負徵稅之財政功能及配合發展經濟功能外，更因應社會環境之變遷兼具維護國家安全、社會安寧之社會功能。

圖 20-1　關稅行政業務之範圍

第二節　現行關稅徵課制度

　　茲就我國現行重要關稅徵課制度之主要內涵說明如次：

一、關稅法之適用準則

關稅法 (Customs Law) 乃規定關稅課徵之主體、客體、通關程序、免稅、退稅、保稅、特別關稅及罰則等有關事項，以為關稅課徵之法律依據。我國關稅法第一條規定：關稅之課徵、貨物之通關，依本法之規定。開宗明義即確定關稅法為關稅課徵之依據和法律地位，且為一切關務法規之母法。

二、關稅之定義及徵收標準

關稅之定義，依據關稅法第二條規定：所稱關稅，指對國外進口貨物所課徵之進口稅。其課稅對象是國外之進口貨物（包括視同進口），可知我國僅對自國外進口之貨物課徵進口關稅。

關稅之徵收標準，依據關稅法第三條規定：關稅除本法另有規定外，依海關進口稅則徵收之。目前依中華民國海關進口稅則所列其徵收標準計有三種：①從價徵收；②從量徵收；③從價或從量從高徵收。

三、關稅之徵收期間及納稅期限

(1)關稅之徵收期間，依據關稅法第九條規定：依本法規定應徵之關稅、滯納金或罰鍰，自確定之翌日起，五年內未經徵起者，不再徵收。但於五年期間屆滿前，已依法移送法院強制執行尚未結案者，不在此限。前項期間之計算，於應徵款項確定後，經准予分期或延期繳納者，自各該期間屆滿之翌日起算。

(2)關稅之繳納期限，依據關稅法第四十三條規定：關稅之繳納，自稅款繳納證送達之翌日起十四日內為之。如逾規定期限納稅者，應自繳稅期限屆滿之翌日，照欠繳稅額按日加徵 5 ‰ 滯納金。加徵滿三十日仍不納稅者，海關得將其貨物變賣。

四、外幣價格之折算

外幣價格之折算，依據關稅法第三十九條規定：從價課徵關稅之進口貨物，其外幣價格應折算為新臺幣；外幣折算之匯率，由財政部關稅總局參考外匯市場即期匯率，定期公告之。

五、關稅之強制執行與責令退運或變賣

(1)強制執行與關稅優先受償權：對進口貨物應繳或補繳之款項包括：①關稅、滯納金、滯報費、利息；②罰鍰；③處理變賣或銷毀所需費用，除關稅法另有規定外，經限期繳納而不繳納者，移送強制執行。對應繳或應補繳之關稅應較普通債權優先清繳。

(2)責令退運或變賣：運達中華民國口岸之貨物，依規定不得進口者，海關應責令納稅義務人限期辦理退運，如納稅義務人以書面聲明放棄或未在規定期限內辦理退運，海關得將其貨物變賣。

(3)私運或違法漏稅：進出口貨物如有私運或其他違法漏稅情事，應依海關緝私條例及其他有關法律之規定處理。

六、關稅法或稅則修正之適用日期

關稅法施行細則第二條規定,對關稅法或海關進口稅則遇有修正時，其條文或稅率之適用，依下列日期為準：

(1)進口貨物：以其運輸工具進口日為準。

(2)存儲保稅倉庫之貨物：以其申請出倉進口日為準。

(3)保稅工廠核准出廠之貨物：以其報關日為準。

(4)存儲物流中心之貨物：以其申請出物流中心進口日為準。

(5)出口貨物：以海關放行日為準。

七、關稅稅率之適用

(1)關稅依海關進口稅則由海關從價或從量徵收。

(2)海關進口稅則稅率分為三欄。第一欄之稅率適用於世界貿易組織會員，或與中華民國有互惠待遇之國家或地區之進口貨物。第二欄之稅率適用於特定低度開發、開發中國家或地區之特定進口貨物，或與我國簽署自由貿易協定之國家或地區之特定進口貨物。不得適用第一欄及第二欄稅率之進口貨物，應適用第三欄稅率。

(3)進口貨物如同時得適用第一欄及第二欄稅率時，適用較低之稅率。

八、產品國別之認定標準

依照財政部與經濟部訂定發布之「進口貨物原產地認定標準」辦理。由海關就申報進口貨物及有關文件查明認定，但海關如認為有必要或查驗認定不易者，得請納稅義務人提供產地證明書，以便參核。

九、海關依法徵收稅費之種類

進口貨物除依關稅法及中華民國海關進口稅則課徵進口關稅外，尚應依其他有關法令規定代徵或代收各項稅費。

(1)關稅（進口稅）：關稅法、海關進口稅則。

(2)特別關稅（包括平衡稅、反傾銷稅、報復關稅）：關稅法、平衡稅及反傾銷稅課徵實施辦法。

(3)貨物稅：貨物稅條例、貨物稅稽徵規則。

(4)營業稅：加值型及非加值型營業稅法。

(5)菸酒稅：菸酒稅法。

(6)滯納金、滯報費：關稅法。

(7)規費：關稅法、海關徵收規費規則。

第三節　現行關稅估價制度

我國現行關稅估價制度係配合關稅法於民國七十五年六月二十九日公布，並自同年七月一日起實施新關稅估價制度，改採用「交易價格」之關稅估價制度。茲就我國現行關稅估價制度之內涵分為一般貨物之關稅估價及特殊貨物之關稅估價。茲就完稅價格之核估說明如次：

一、一般貨物之關稅估價

(1)第一種關稅估價方法：以進口貨物交易價格作為核定完稅價格之主要根據❽。所謂交易價格係指進口貨物由輸出國銷售至中華民國實付或應付之價格。

(2)第二種關稅估價方法：以同樣貨物之交易價格核定之，依關稅法第三十一條規定。

(3)第三種關稅估價方法：以類似貨物交易價格核定之，依關稅法第三十二條規定。

(4)第四種關稅估價方法：以國內銷售價格核定之，依關稅法第三十三條規定。

(5)第五種關稅估價方法：以計算價格核定之，依關稅法第三十四條規定。

(6)第六種關稅估價方法：以其他合理方法核定之，依關稅法第三十五條規定。

二、特殊貨物之關稅估價

1.修理費、裝配費、加工貨物之估價

---

❽　關稅法第二十九條規定。

依規定運往國外修理、裝配之機械、器具或加工貨物，復運進口者，依下列規定，核估完稅價格❾：

(1)修理、裝配之貨物，以其修理、裝配所需費用，作為計算根據。

(2)加工貨物，以該貨物復運進口時之完稅價格，與原貨出口時同類貨物或類似貨物進口之完稅價格之差額，作為計算根據。

2.租賃費、負擔使用費之估價

依規定進口貨物係租賃或負擔使用費而所有權未經轉讓者，其完稅價格，根據租賃費或使用費加計運費及保險費估定之❿。

上述貨物，須因於專利或製造上之秘密不能轉讓，或因特殊原因而經財政部專案核准。

第四節　現行關稅優惠與減免稅制度

茲就我國現行關稅優惠與減免稅之主要內涵節略說明如次：

一、無條件之免稅（稅則免稅與專案免稅）

(1)海關進口稅則所列之免稅物品（稅則免稅）。

(2)關稅法所列之免稅物品：關稅法第四十九條所列專案免稅之內容包括：①總統、副總統應用物品；②外交機構人員物品；③駐外人員物品；④軍用物品；⑤救濟物品；⑥教育研究用品；⑦勳章、徽章及類似貨品；⑧公私文件；⑨廣告品、貨樣；⑩水產品；⑪打撈品；⑫解體船；⑬運輸工具專用燃料物料；⑭旅客自用物品；⑮郵包自用物品；⑯防疫用品；⑰緊急救難物品；⑱船員回航自用物品；⑲低價免稅物品。

---

❾　關稅法第三十七條規定。
❿　關稅法第三十八條規定。

⑶其他法律所列之免稅物品：①原子能設備免稅，依原子能法第二十條規定；②漁業生產資材及漁業試驗研究用品免稅，依漁業法第五十八條規定；③郵政公共物品免稅，依郵政法第九條規定；④海域石油礦探採器材設備免徵進口稅捐，依礦業法第六十七條規定。

二、有條件之免稅（特殊限制條件減免稅）

⑴損壞、無價值貨物或退運出口免稅，依關稅法第五十條規定。

⑵賠償或掉換貨物之免稅，依關稅法第五十一條規定。

⑶暫時性進口再復運出口免稅，依關稅法第五十二條規定。

⑷暫時性出口後再復運進口免稅，依關稅法第五十三條規定。

⑸暫准通關證貨物原貨復運進口或出口免稅，依關稅法第五十四條規定。

⑹加工原料復運出口免稅，依關稅法第五十六條規定。

⑺外銷品復運進口免稅，依關稅法第五十七條規定。

三、海關進口稅則增註減免稅

⑴稅則增註免稅：例如進口改良品種或生產用之動物，經行政院農業委員會核明屬實，函轉財政部認可者免稅，稅則 0102.10.00 供繁殖用之牛，第一欄稅率 2.5%。

⑵稅則增註減稅：例如進口輸入歸屬稅則第 3908.10.20 號之聚醯安六，六（尼龍）粒子，符合工廠管理規定之人纖製造業，經經濟部證明專供生產人造纖維產品用途者，其進口關稅稅率為 1%，稅則 3908.10.20，其第一欄稅率 2.5%。

四、關稅機動增減稅率

關稅法第七十一條規定，立法機關授權行政機關，為應付國內或國際經濟之特殊情況及產業合理經營，並調節物資供應，得採行機動增減

稅率，在 50% 以內予以增減，期間以一年為限。

五、外銷退稅制度

關稅法第六十三條規定：外銷品進口原料關稅得於成品出口後退還之，實施外銷退稅制度。

六、保稅制度

我國現行主要保稅區域有下列七種：
(1)保稅倉庫，依關稅法第五十八條及保稅倉庫設立及管理辦法規定。
(2)保稅工廠，依關稅法第五十九條及海關管理保稅工廠辦法規定。
(3)物流中心，依關稅法第六十條及物流中心貨物通關辦法規定。
(4)免稅商店，依關稅法第六十一條及免稅商店設置管理辦法規定。
(5)加工出口區，依加工出口區設置管理條例規定。
(6)科學工業園區，依科學工業園區設置管理條例規定。
(7)自由貿易港區，依自由貿易港區設置管理條例規定。
(8)農業科技園區，依農業科技園區設置管理條例規定。

第五節　　現行查緝制度

海關查緝業務旨在配合關稅稽徵及執行貿易管制，以遏止規避檢查，偷漏關稅及逃避管制之重要措施。亦即確保國家課徵關稅及保護國內產業之重要任務，為了遏止走私逃漏，如不賦與海關以查緝及懲治之權責，則關稅之逃漏將無法遏止，貿易管制也將落空，故查緝走私與關稅稽徵及貿易管制是一體兩面，必須配合執行，海關之稽徵任務始得以圓滿達成。走私逃漏之途徑及方式有二：其一為透過正式報關手續，以匿報、偽報、虛報、漏報或掉包方式，或利用法令規定以合法掩飾非法而達到逃漏目的。其二為不按關稅法規之規定辦法報關，而以丟包接運、漁船

載運方式、以郵包夾運，或以旅客行李夾帶等不正當方式走私進口，以達到逃漏目的。

　　茲就我國現行查緝制度之主要內涵說明如次：

一、查緝與巡邏

1.查緝範圍

　　海關緝私，應在中華民國通商口岸，沿海二十四海里以內之水域，依海關緝私條例或其他法律得為查緝之區域或場所實施查緝。

2.巡邏業務

　　為擴大範圍無遺漏起見，除通商口岸、碼頭、機場或其他關係場所經常派員作陸上巡邏外，在海上，港內則派關艇，及港外則派由武裝緝私艦艇，依海關緝私條例有關規定在沿海二十四海里界內不定期巡邏，對於界內行駛之商輪，得鳴放信號令其停駛接受海關檢查，如該商輪已逃出二十四海里界外，並得繼續追緝，以防止其在沿海地帶私運或拋包，由漁船或舢舨駁運等不法情事。

二、檢　查

　　海關因緝私必要，得對進出口貨物、通運貨物、轉運貨物、保稅貨物、郵包、行李、運輸工具、存放貨物之倉庫與場所及在場之關係人實施檢查。故進出國境旅客所攜帶行李物品，船舶、車輛、飛機或其他運輸工具所裝卸貨物，與其服務人員攜帶物品，以及金銀外幣，連同各該運輸工具本身，均須由海關依海關緝私條例有關規定派稽查人員檢查、勘驗及搜索，必要時，並得由海關派機動巡查隊予以複查以杜絕疏漏。

三、查　驗

　　凡進出我國通商口岸之貨物（包括通運貨物、轉運貨物、保稅貨物及郵包在內）概須依關稅法及其他有關法令規定報關，由海關派驗貨人

員予以查驗，以防其虛報所運貨物之名稱、數量或重量，而有偷漏關稅，溢額沖退稅捐或逃避管制等情事。主要之法令依據有：①進出口貨物查驗準則；②出口貨物報關驗放辦法；③免驗貨物品目範圍。另為簡化通關作業，目前已採用電腦抽驗制度，以加速貨物通關。

第六節　海關進出口貿易統計

海關編製貿易統計之目的在於顯示進出口貨物量值的變遷，藉以明瞭我國國際貿易之興衰和產業發展之消長，可供一般經濟情況之分析，釐訂產銷計畫及擬訂財經政策之依據，極具參考價值。同時亦將便利國際間貿易統計之比較，並符合國際慣例，因此政府於民國六十二年四月間規定，對外貿易統計，應以海關進出口貿易統計數字為準，故海關進出口貿易統計已受到政府及國內外工商界與學術界之重視和引用依據。目前海關貿易統計作業係由關稅總局統計室負責編製，並出版《進出口貿易統計月報》，另主要尚有下列統計報表：

(1)進出口貨物價值統計表。

(2)出口貨物價值統計表。

(3)進口貨物價值統計表。

(4)進出口貨物數量與價值統計表。

(5)進口稅收年報。

關鍵詞

⊙關稅稽徵　⊙查緝走私　⊙報關匯率　⊙產地證明書　⊙完稅價格

⊙交易價格　⊙起岸價格(C.I.F.)　⊙離岸價格(F.O.B.)

⊙關稅機動稅率

自我評量

1. 請說明關稅行政之業務範圍。

2. 關稅法或海關進口稅則遇有修正時，其條文或稅率之適用有何規定？

3. 一般進口貨物其完稅價格如何核估？

4. 修理費、裝配費、加工貨物，如何核估其完稅價格？

5. 進口貨物係租賃或負擔使用費，如何核估其完稅價格？

6. 依關稅法第五十條至第五十七條對特殊限制條件之減免稅有何規定？

7. 海關實施查緝之範圍為何？又海關因緝私必要得對哪些範圍實施檢查？

第二十一章　海關進口稅則與關稅稅率

一、稅則之意義及組成

稅則 (Tariff) 係指海關對貨物課徵關稅之稅率表或稱稅則表 (Schedule of Tariff)。對進口貨物課徵關稅稅率表稱為「進口稅則」；對出口貨物課徵關稅之關稅率表，稱為「出口稅則」。在實質上，稅則就是商品分類（包括其號列）加上關稅稅率；在法律上，稅則應經立法程序制定公布，以為課徵關稅之法據。我國關稅法第三條規定：關稅除本法另有規定外，依海關進口稅則徵收之。海關進口稅則，另經立法程序制定公布之。

稅則必須採行商品分類，因進口或出口貨物所適用之稅率並非單一稅率且貨物種類很多，加工層次不一，必須作有系統及有原則的歸類與排列，並訂定適當的稅率，以達到縱向結合和橫向配合之目的。關稅稽徵時，可查定該貨物用之稅率，且可依政策需要，訂定不同之稅率。商品在稅則上之分類稱為稅則分類 (Tariff Classification) 故編製稅則時必須作有系統的稅則分類。稅則通常由三個主要部分構成，說明如次：

⑴稅則號別 (Tariff Number; Item)：即表示貨品分類項目之排列順序，
　俾貨品有其固定位置並加以編號（統計代號）以供稅則分類和使用，
　納稅義務人申報或海關核定稅則均以其稅則號別表示之。

⑵貨名 (Articles; Description of Goods)：貨名之編訂為稅則最重要之部
　分，分類即將各種不同之「貨名」羅列於稅則上，以為課徵關稅。

⑶稅率 (Rates of Duty; Tariff Rate)：稅則上列有各種不同之貨名，並依
　據政策需要包括財政目的或保護目的，訂定不同的稅率，以為課徵
　關稅。每種貨品一種稅率，稱為單一稅則，如訂有兩種以上不同稅
　率，稱為複式稅則。

表 21-1　稅則分類欄位

稅則號別 Tariff Number	貨　名 Description of Goods	稅　率 Tariff Rate

二、稅則分類之目的

稅則分類依其編列和適用之原則，其主要目的有二：

1.課稅用

稅則分類最重要之目的在於對進口貨品課徵關稅。惟貨品種類繁多，
有原料、半製品、成品之分，因加工層次不同，材質亦有異，且用途性
質也有民生必需品，有生產用機器設備，因而必須對各種種類不同之貨
品、層次高低暨政府政策之需要，訂定不同之稅率，以發揮關稅之財政、
經濟、社會功能。

2.統計用

稅則分類另一重要目的在於對貨品之進出口，依貨品種類之數量、
價值、來源國別及稅收情形作數量及金額之統計。此貿易統計資料可供

政府決定財經決策之參考，亦可供工商界及學術單位研究使用。因而分類在技術上必須作有系統的、明確的及合理的分類，始可完成正確的統計資料。

　　稅則分類在分類技術和適用上為期達到課稅和統計之目的，因而每一種貨品只能有一個正確的稅則號別，且任何貨品亦均有其稅則號別可資歸類，以憑課徵關稅和作貿易統計。

第二節　我國現行海關進口稅則之內涵

一、現行海關進口稅則之稅則分類

　　海關進口稅則之貨品分類架構採用世界關務組織（簡稱 WCO）制定之國際商品統一分類制度（簡稱 HS）2002 年版，分為二十一類、九十八章（其中第七十七章列為空章，國際間保留該章以備將來使用）、1,244節（四位碼）及 5,224 目（六位碼）。我國海關進口稅率依八位碼貨品配置，稱為稅則號別，在 HS2002 年版之架構下分為 8848 款；貿易管理及統計則採用十位碼分類，計 11,187 項。另於十位碼之後加一位檢查號碼，廠商申請輸出入許可證及報關時，均須在申請書及報單上填列十一位碼之貨品分類號列。我國加入 WTO 後，為實施關稅配額制度，自民國九十一年起，於 HS 六位碼分類架構外，另增訂第九十八章「關稅配額之貨品」，該章分為四十三款（八位碼）及 200 項（十位碼）。

　　稅則號別之排列方式（例如：鮮蘋果其稅則號別歸列 0808.10.00）

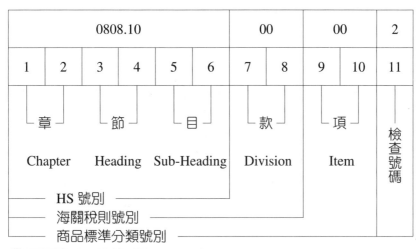

圖 21-1　稅則號別排列方式

二、海關進口稅則各類之內容

海關進口稅則分二十一類，茲就各類之內容說明如次：

第一類　活動物；動物產品。

第二類　植物產品。

第三類　動植物油脂及其分解物；調製食用油脂；動植物蠟。

第四類　調製食品；飲料；酒類及醋；菸類及已製菸類代用品。

第五類　礦產品。

第六類　化學或有關工業產品。

第七類　塑膠及其製品；橡膠及其製品。

第八類　生皮、皮革、毛衣及其製品；鞍具及韉具，旅行用物品、手袋及其類似容器，動物腸線製品（蠶腸線除外）。

第九類　木及木製品；木炭；軟木及軟木製品；草及其他編結材料之編結品；編籃及柳條編結品。

第十類　木漿或其他纖維素材料之紙漿；回收（廢料及碎屑）紙或紙板；
　　　　紙及紙板及其製品。

第十一類　紡織品及紡織製品。

第十二類　鞋、帽、雨傘、遮陽傘、手杖、座凳式手杖、鞭、馬鞭及其
　　　　　零件；已整理之羽毛及其製品；人造花；人髮製品。

第十三類　石料、膠泥、水泥、石棉、雲母或類似材料之製品；陶瓷產
　　　　　品；玻璃及玻璃器。

第十四類　天然珍珠或養珠、寶石或次寶石、貴金屬、被覆貴金屬之金
　　　　　屬及其製品；仿首飾；鑄幣。

第十五類　卑金屬及卑金屬製品。

第十六類　機器及機械用具；電機設備及其零件；錄音機及聲音重放機，
　　　　　電視影像、聲音記錄機及重放機，上述各物之零件及附件。

第十七類　車輛、航空器、船舶及有關運輸設備。

第十八類　光學、照相、電影、計量、檢查、精密、內科或外科儀器及
　　　　　器具；鐘錶；樂器；上述物品之零件及附件。

第十九類　武器與彈藥；及其零件與附件。

第二十類　雜項製品。

第二十一類　藝術品、珍藏品及古董。

第三節　海關進口稅則總則及稅率之適用

一、海關進口稅則總則

(1)本稅則各號別品目之劃分，除依據本稅則類、章及其註，各號別之
　貨名及解釋準則之規定外，並得參據關稅合作理事會編纂之「國際
　商品統一分類制度 (HS) 註解」及其他有關文件辦理。

(2)關稅依本稅則由海關從價或從量徵收。

　　本稅則稅率分為三欄。第一欄之稅率適用於世界貿易組織會員，或與中華民國有互惠待遇之國家或地區之進口貨物。第二欄之稅率適用於特定低度開發、開發中國家或地區之特定進口貨物，或與我簽署自由貿易協定之國家或地區之特定進口貨物。不得適用第一欄及第二欄稅率之進口貨物，應適用第三欄稅率。

　　進口貨物如同時得適用第一欄及第二欄稅率時，適用較低之稅率。

　　適用第一欄之國家或地區，由財政部會商有關機關後報請行政院核定，並由行政院函請立法院查照。

　　適用第二欄之國家或地區，除與中華民國簽署條約或協定者外，由財政部會商有關機關報行政院核定後，送請立法院審議。

　(3)本稅則有條件課稅、減稅或免稅之品目，其條件在有關各章內另加增註規定。如須經主管機關出具證明者，得由該主管機關委任所屬下級機關或委託不相隸屬之行政機關執行之。

　(4)實施關稅配額之貨品，其數量及配額內稅率，依本稅則第九十八章規定辦理；配額外稅率適用各該貨品所屬第一章至第九十七章稅則號別之稅率。

　　適用配額內稅率之對象，由財政部會商有關機關後報請行政院核定，並由行政院函請立法院查照。

　(5)旅客攜帶自用行李以外之應稅零星物品，郵包之零星物品，除實施關稅配額之物品外，按 5% 稅率徵稅。

　(6)本稅則稅率之適用與經我國政府依法完成批准及公布程序之條約及協定，所訂適用情形及稅率不同者，採最低者為準。

　(7)本稅則應繳稅額，以新臺幣計算。

二、關稅稅率之適用

1.適用國定稅率第一欄稅率之國家或地區名單

(1) WTO 會員

（以世界貿易組織網站公告且我未對其援引排除條款者為準）

表 21-2　WTO 會員國適用國定稅率第一欄稅率國別或地區

1	Albania	2	Angola	3	Antigua and Barbuda
4	Armenia	5	Argentina	6	Australia
7	Austria	8	Bahrain	9	Bangladesh
10	Barbados	11	Belgium	12	Belize
13	Benin	14	Bolivia	15	Botswana
16	Brazil	17	Brunei Darussalam	18	Bulgaria
19	Burkina Faso	20	Burundi	21	Cambodia, Kingdom of
22	Cameroon	23	Canada	24	Central African Republic
25	Chad	26	Chile	27	China
28	Colombia	29	Congo	30	Congo, Democratic Republic of
31	Costa Rica	32	Côte d' Ivoire	33	Croatia
34	Cuba	35	Cyprus	36	Czech Republic
37	Denmark	38	Djibouti	39	Dominica
40	Dominican Republic	41	Ecuador	42	Egypt
43	El Salvador	44	Estonia	45	European Union
46	Fiji	47	Finland	48	France
49	Gabon	50	Georgia	51	Germany
52	Ghana	53	Greece	54	Grenada
55	Guatemala	56	Guinea	57	Guinea Bissau
58	Guyana	59	Haiti	60	Honduras
61	Hong Kong	62	Hungary	63	Iceland

64	India	65	Indonesia	66	Ireland
67	Israel	68	Italy	69	Jamaica
70	Japan	71	Jordan	72	Kenya
73	Korea	74	Kuwait	75	Latvia
76	Lesotho	77	Liechtenstein	78	Lithuania
79	Luxembourg	80	Macau, China	81	Macedonia
82	Madagascar	83	Malawi	84	Malaysia
85	Maldives	86	Mali	87	Malta
88	Mauritania	89	Mauritius	90	Mexico
91	Moldova	92	Mongolia	93	Morocco
94	Mozambique	95	Myanmar	96	Namibia
97	Netherlands	98	New Zealand	99	Nicaragua
100	Niger	101	Nigeria	102	Norway
103	Nepal	104	Oman	105	Pakistan
106	Panama	107	Papua New Guinea	108	Paraguay
109	Peru	110	Philippines	111	Poland
112	Portugal	113	Qatar	114	Romania
115	Rwanda	116	Saint Kitts and Nevis Nevis	117	Saint Lucia
118	Saint Vincent and the Grenadines	119	Saudi Arabia, Kingdom of	120	Senegal
121	Sierra Leone	122	Singapore	123	Slovak Republic
124	Slovenia	125	Solomon Islands	126	South Africa
127	Spain	128	Sri Lanka	129	Suriname
130	Swaziland	131	Sweden	132	Switzerland
133	Tanzania	134	Thailand	135	The Gambia
136	The Kyrgyz Republic	137	Togo	138	Trinidad and Tobago
139	Tunisia	140	Turkey	141	Uganda

142	United Arab Emirates	143	United Kingdom	144	United States of America
145	Uruguay	146	Venezuela	147	Zambia
148	Zimbabwe				

(2) WTO 以外與我互惠之國家或地區

表21-3　WTO 會員國以外適用國定稅率第一欄稅率國別或地區

1	美屬薩摩亞	American Samoa	2	安圭拉	Anguilla
3	亞塞拜然共和國	Azerbaijan	4	巴哈馬	Bahamas, commonwealth of the
5	衣索比亞	Federal Democratic Republic of Ethiopia	6	教　廷	Holy See
7	伊　朗	Iran	8	伊拉克	Iraq
9	阿富汗	Islamic State of Afghanistan	10	哈薩克斯坦共和國	Kazakhstan
11	寮　國	Laos	12	黎巴嫩	Lebanon
13	賴比瑞亞	Liberia	14	利比亞	Libyan Arab Jamahiriya, Socialist people's
15	馬紹爾群島	Marshall Islands	16	摩納哥	Monaco, Principality of
17	門索雷特	Montserrat	18	諾　魯	Nauru
19	紐加多里加	New Caledonia	20	波多黎哥	Puerto Rica
21	俄羅斯聯邦	Russian Federation	22	琉　球	Ryukyu Islands
23	索馬利亞	Somali Democratic Republic	24	厄利垂亞	State of Eritrea
25	蘇　丹	Sudan	26	敘利亞	Syrian Arab Republic

27	大溪地	Tahiti	28	維德角	The Republic of Cape Verde
29	赤道幾內亞	The Republic of Equatorial Guinea	30	吉里巴斯	The Republic of Kiribati
31	帛琉	The Republic of Palau	32	聖多美普林西比	The Republic of Sao Tome and Principe
33	東加	Tonga, Kingdom of	34	吐瓦魯	Tuvalu
35	烏克蘭	Ukraine	36	葛摩	Union of Comoros
37	萬那杜	Vanuatu	38	越南	Viet Nam
39	西薩摩亞	Western Samoa	40	葉門共合國	Yemen

3.適用國定稅率第二欄稅率之國家或地區名單

(1)巴拿馬共和國 (Panama, PA)。

(2)瓜地馬拉共和國 (Guatemala, GT)。

(3)低度開發國家 (Least Developed Countries, LDCS)。

第四節　關稅配額制度

一、關稅配額之意義

關稅配額指對特定進口貨物訂定數量，在此數量內適用海關進口稅則所訂之較低關稅稅率 (以下簡稱配額內稅率)，超過數量部分則適用一般關稅稅率 (以下簡稱配額外稅率)。

二、實施關稅配額之原因

(1)我國加入 WTO 諮商過程中，各國對於我國部分農、工產品採管制

進口或限制地區進口等非關稅措施，認與 WTO 之相關規範或自由化之趨勢不符，皆要求我國應於入會時取消該等非關稅障礙。依 WTO 之規範，關稅配額制度為合法之產業保護措施，為減緩加入 WTO 對相關產業之衝擊，我國於諮商中已爭取較為敏感之產業，如紅豆、花生等二十二種農產，工業產品之小汽車，入會後以關稅配額方式開放進口，俾國內產業有適當之調適期，現行關稅配額另加入食米，並取消動物雜碎等項目後，目前實施關稅配額計有十九項。

⑵依我國加入 WTO 減讓承諾，入會後擬實施關稅配額之農產品，其中豬腹脇肉、雞肉、動物雜碎（豬雜碎及禽雜碎）等項，已於入會後西元 2005 年 1 月 1 日取消關稅配額，又柿子及鯖魚、鰺魚、鰹魚等三種漁產品將於入會後第六年（即 2008 年）取消關稅配額，至其他農產品，西元 2004 年實施關稅配額期滿後，將視我國之產業調適情況及與相關會員國之諮商結果，檢討是否繼續實施關稅配額。至工業產品之小汽車，我國將於入會後第十年取消關稅配額。

三、關稅配額之法令依據

⑴關稅法第四條第一項：「海關進口稅則得針對特定進口貨物，就不同數量訂定其應適用之關稅稅率，實施關稅配額。」之規定，即為實施關稅配額制度之法源。

⑵訂定「關稅配額實施辦法」，規範關稅配額管理之相關事宜。

⑶關稅配額貨物之稅則號別、配額內稅率及數量額度均涉及人民權利義務，需以法律明訂，除於海關進口稅則附則中增訂關稅配額一般適用規定，並將於海關進口稅則第九十八章規定個別產品之配額內稅率及數量。

四、實施關稅配額之貨品

⑴在農產品部分，我國加入 WTO 後，部分採限制進口之農產品，改

以關稅配額開放進口，目前計有糖、花生、紅豆、大蒜、乾香菇、乾金針、檳榔、椰子、東方梨、柚子、桂圓肉、香蕉、鳳梨、芒果、柿子、鯖魚、鰺魚、鰮魚、液態乳、鹿茸、米等農產品實施關稅配額。

⑵工業產品小汽車，原限向歐美地區採購，入會後小汽車，改以關稅配額方式開放進口。

五、關稅配額之核配方式

1.農產品部分

以事先核配方式辦理分配，其作業如下：

⑴先申請先分配：入會前兩年依申請順序分配。二年後配額之分配，每一申請者將至少獲得其前二年實際進口數量之配額，至所剩餘及增加之配額額度，將依先申請先分配方式辦理，適用之貨品為香蕉、東方梨及鹿茸。

⑵標售進口權利金：

①無季節性之產品：一年分配一次。分配方式依競爭者投標金額之高低排列得標順序，適用之貨品為紅豆、花生及液態乳。

②有季節性之產品：一年分配一至四次（即分期核配）。包括大蒜、乾香菇、乾金針、檳榔、椰子、鳳梨、芒果、鮮柚、柿子、桂圓肉、鯖魚、鰺魚、鰮魚及食米等。

2.工業產品（小汽車）

⑴事先核配：於入會諮商過程中，要求自行辦理小汽車核配者，如日本、韓國、澳洲、墨西哥、南非、馬來西亞及泰國產製之小汽車，依出口國核配名單辦理。

⑵先到先配：其他 WTO 會員製之小汽車，按進口日先後順序分配。

六、關稅配額之申請程序

(1)依先申請先核配辦理者，應於公告之開始申請分配日起向中央信託局申請核配。

(2)依標售進口權利金辦理者，應於投標期限前向中央信託局辦理投標作業。

(3)小汽車以事先核配方式辦理者，依出口國核配名單辦理，應於公告期限內向經濟部國際貿易局申請核發關稅配額證明書。

七、關稅配額證明書的有效期限可否展延

事先核配之配額，因情況特殊而未能於關稅配額證明書有效期限屆滿前全數進口者，一年一次分配之配額可於有效期限屆滿前（八月一日至八月二十五日）檢附買賣合約及原關稅配額證明書,向原核配機關(構)申請展延(分期核配者除外),但展延日期不能超過當期關稅配額截止日。

第五節　特殊貨品之稅則分類

一、整套機器之稅則分類（統一稅則）

廠商如進口整套機器設備因體積龐大或重量過重等因素，裝運相當困難，必須予以拆散、分裝才方便移運；整套機器設備拆散、分裝後，於進口報關時是否構成整套機器設備或只是其中的部分組、配件，在認定上相當困難，關稅法於第四十條特明文規定:「整套機器及其在產製過程中直接用於該項機器之必須設備，因體積過大或其他原因，須拆散、分裝報運進口者，除事前檢同有關文件申報，海關核明屬實，按整套機器設備應列之稅則號別徵稅外，各按其應列之稅則號別徵稅。」一般稱之「統一稅則」，茲分析說明如次:

⑴整套機器及其在產製物品過程中直接用於該項機器之必須設備，因體積過大或其他原因，須拆散 (Knockdown)、分裝 (Packed Separately) 報運進口，經事前申請核准，准按整套機器設備稅則稅率徵稅。

⑵所分散、分裝報運進口者，係以供組成該項機器運轉產製物品所須之各種機件，在操作過程中直接用於該項機器之設備及在正常使用情形下「供其備用或週轉用之必須機件或設備」為限。

⑶所謂「供其備用或週轉用機器或設備」之數量，由海關依主管機關證明認定之。

⑷至於隨整套機器設備進口之超量機件或設備，則各按其應列之稅則號別徵稅。

二、整體貨物之稅則分類

我國海關進口稅則其稅率之訂定，一般而言，整體貨物稅率高，而組件、配件及零件之稅率則較低，此與關稅法第四十條整套機器與分裝之零配件稅率之結構，正好相反。故關稅法第四十一條特明文規定：「由數種物品組合而成之貨物，拆散、分裝報運進口者，除機器依前條規定辦理外，按整體貨物應列之稅則號別徵稅。」其目的，顯在保護國內裝配廠商，以差額稅負鼓勵國內裝配、進口，冀能全部在國內生產製造，以提升工業水準。茲分析說明如次：

⑴由數種物品組合而成之貨物，雖拆散、分裝、報運進口，仍應按整體貨物應列稅則稅率徵稅。

⑵所謂「拆散、分裝報運進口」，依海關實務作業規定，並無「分批進口」或「同一批進口」之規定。

第六節　進口貨物稅則預先審核

一、進口貨物稅則預先審核

　　進口貨物之稅則號別預先審核,指貨物之納稅義務人或其代理人(以下簡稱申請人),在貨物進口前,向海關申請預先審核該進口貨物之稅則號別。

二、辦理手續

(1)進口貨物申請稅則預先審核,應依海關規定格式填具申請書,並檢附原廠型錄或樣品,向地區關稅局申請,經關稅總局複核地區關稅局歸列意見後,由地區關稅局函復之。

(2)前項申請書一份以申請單項貨物為限,並應詳填貨品之名稱、規格、成分、材質、型號、生產國別、製程、用途、加工層次、主要功能、特性、一次或分批進口及其他相關資料等。

(3)申請稅則預先審核之貨物有下列情形者,海關不予預先審核,並以書面通知申請人:

①一份申請書包括多項貨物。

②屬虛擬性之貨物。

③與進行行政救濟中之貨物相同或類似。

(4)地區關稅局應於收到申請書或申請人補件後翌日起三十日內答復申請人;案件須洽詢國際或國內機構或專家意見者,應於一百二十日內答復之。

三、相關作業規定

(1)申請人不服地區關稅局預先審核之稅則號別者,得於貨物進口前,

向財政部關稅總局申請覆審。關稅總局應於接到覆審申請書之翌日起二十日內將結果通知申請人。

(2)申請人不服前項覆審結果，應俟貨物進口並經進口關稅局核定該貨物之稅則號別後，依關稅法有關行政救濟程序規定辦理。

(3)海關對預先審核之稅則號別有所變更時，應敘明理由，以書面通知申請人。申請人舉證證明其已訂定契約並據以進行交易，且將導致損失者，得申請延長海關預先審核稅則號別之適用，但以延長九十日為限。

前項預先審核之稅則號別變更致影響輸入規定，應依貨物實際進口時之相關輸入規定辦理。

(4)進口貨物適用預先審核之稅則號別，其依文件審核或貨物查驗通關方式處理者，進口人辦理通關時應檢附答復函影本以供查核；其依免審免驗通關方式處理者，海關於必要時，得要求進口人補送之。

(5)進口實到貨物與稅則預先審核之貨物相符者，海關應按預先審核之稅則號別核定。

關鍵詞

◉稅則　◉國際商品統一分類制度　◉從價稅　◉從量稅　◉第一欄稅率　◉第二欄稅率　◉第三欄稅率　◉關稅配額　◉進口稅則預先審核

 自我評量

1.海關進口稅則分類之目的為何?

2.海關進口稅則稅率分為三欄，請說明進口貨物如何適用其稅率?

3.我國為何要實施關稅配額? 目前有哪些貨品實施關稅配額?

4.進口整套機器設備其稅則分類應如何適用? 請說明之。

第二十二章　進出口通關制度與實務

第一節　進口貨物之報關期限

一、一般報關期限

　　進口貨物之通關應向各關稅局之進口通關單位提出報關手續，目前有基隆、臺北、臺中、高雄四個關稅局及其分局、支局負責海運或空運進口貨物之通關。依關稅法第十六條規定，進口貨物之申報，由納稅義務人自裝載貨物之運輸工具進口日之翌日起十五天內，向海關辦理報關手續。如不在期限內報關，自第十六日開始，每過期一天，海關要徵收滯報費新臺幣 200 元。

　　滯報費加徵滿二十日仍未辦理報關（即進口貨物在原裝載運輸工具進口後三十五日內仍未報關），海關可將該未報關貨物變賣；變賣所得之價款扣除應繳納的關稅及必要的費用，如仍有餘款由海關暫時代為保管，納稅義務人得在五年內（自滯報費計算滿二十天之翌日起算）檢具提貨單，及其他應備之有關證件向海關申請發還，超過五年未申請發還，海關便將剩餘之款項繳歸國庫。

二、運輸工具進口日

依關稅法施行細則第六條規定，所謂「運輸工具進口日」係指：

(1)船運貨物：以船舶抵達本國港口，且已向海關遞送進口艙單之日。

(2)空運貨物：以飛機抵達本國機場，且已向海關遞送進口艙單之日。

(3)郵運貨物：以郵局寄發招領包裹通知之日，或郵局加蓋郵戳於包裹發遞單上之日。

(4)轉運貨物：以裝載貨物之運輸工具最初抵達本國卸載口岸，向當地海關遞送進口艙單之日。

第二節　進口報關應檢附之文件

進口貨物辦理報關，依關稅法第十七條規定：進口報關時，應填送貨物進口報單，並檢附提貨單、發票、裝箱單及其他進口必須具備之有關文件。所謂「其他進口必須具備之有關文件」，依關稅法施行細則第七條規定：本法第十七條所稱其他進口必須具備之有關文件，指下列各項文件：①依其他法令規定必須繳驗之輸入許可證、產地證明文件；②查驗估價所需之型錄、說明書、仿單或圖樣；③海關受其他機關委託查驗放行時所憑之有關證件；④其他經海關指定檢送之文件。

報關文件應檢附：①外貨進口報單：套打白色正本一份及副本一份；②提單：不論業者是否連線，應檢附小提單（或空運提單）影本一份；③委任書：委託報關行報關，應附委任書一份；④貨價申報書：一式二份，應加蓋進口商公司及負責人印章；⑤發票：一式兩份；⑥裝箱單：件數兩件以上者，須附裝箱單一份。但進口貨物屬散裝、大宗或單一包裝者，得免附裝箱單；⑦輸入許可證：廠商進口貨品，依「限制輸入貨品及海關協助查核輸入貨品彙總表」規定辦理，輸入大陸地區貨品，應另依「大陸物品有條件輸入項目彙總表」之規定辦理，於 HS 進口稅則

上簽審規定屬「111」或「112」管制、「121」准許由國貿局簽許可證、「122」由授權簽證單位簽發許可證等，仍應檢附輸入許可證外，其餘空白者，免附輸入許可證；⑧特殊貨物應附證件：依各種特殊物品所需證件而定。

第三節　進口貨物之通關流程

　　簡化進口通關手續，縮短通關時間，為海關努力之目標。近年來，經不斷的研究改進，進口貨物之通關有五個步驟。即：①收單建檔；②查驗；③分類估價；④徵稅；⑤放行。免驗報單之流程因減少查驗而為四個步驟。

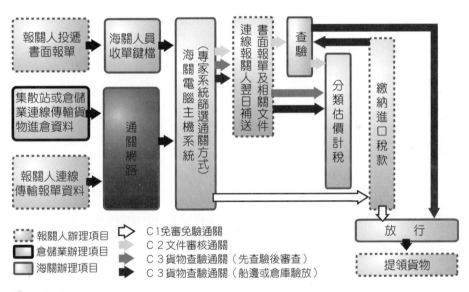

圖 22-1　進口貨物通關自動化流程

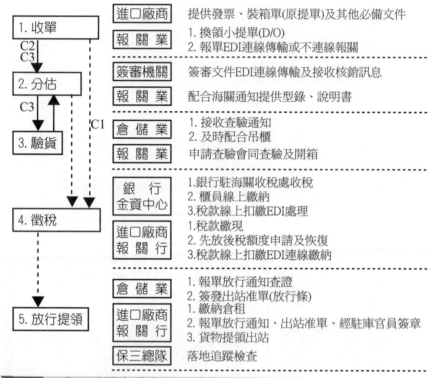

	進口廠商	提供發票、裝箱單(原提單)及其他必備文件
1. 收單	報 關 業	1. 換領小提單(D/O) 2. 報單EDI連線傳輸或不連線報關
C2 C3	簽審機關	簽審文件EDI連線傳輸及接收核銷訊息
2. 分估	報 關 業	配合海關通知提供型錄、說明書
C3	倉 儲 業	1. 接收查驗通知 2. 及時配合吊櫃
3. 驗貨	報 關 業	申請查驗會同查驗及開箱
C1	銀 行 金資中心	1.銀行駐海關收稅處收稅 2. 櫃員線上繳納 3.稅款線上扣繳EDI處理
4. 徵稅	進口廠商 報 關 行	1.稅款繳現 2. 先放後稅額度申請及恢復 3.稅款線上扣繳EDI連線繳納
	倉 儲 業	1. 報單放行通知查證 2. 簽發出站准單(放行條)
5. 放行提領	進口廠商 報 關 行	1. 繳納倉租 2. 報單放行通知、出站准單、經駐庫官員簽章 3. 貨物提領出站
	保三總隊	落地追蹤檢查

圖 22-2　進口通關自動化之通關方式

第四節　進口貨物應繳納之稅費及計算方式

一、進口貨物應繳納之稅費

(1)關稅（進口稅）。

(2)貨物稅。

(3)菸酒稅、健康福利捐。

(4)營業稅。

(5)滯報費。

(6)滯納金。

(7)特別關稅。

(8)各種規費。

(9)推廣貿易服務費。

二、進口貨物稅費之計算

(一)關　稅

1.從量課徵

關稅＝關稅稅率（即單位稅額）×數量

例如：某廠商進口散裝乾葡萄乾 10,000 KGS（稅則第 0806.20.10 號，第一欄 NT$ 2/KGM），則：

$$關稅 ＝ 2 \times 10,000 ＝ 20,000（元）$$

2.從價課徵

關稅＝完稅價格 (DPV)×進口稅率

例如進口煉奶（稅則第 0402.91.10 號，第一欄稅率 20%），其完稅價格為 300,000 元，則：

$$關稅 ＝ 300,000 \times 20\% ＝ 60,000（元）$$

3.從量或從價高者課徵

列以進口乾鮑魚 100 公斤（稅則第 0307.99.22 號，稅率為 NT$ 225/KG 或 15% 從高徵稅）：

(1)假定申報完稅價格 100,000 元時，關稅應從量計徵 22,500 元，因：

　①從量關稅＝ 225×100 ＝ 22,500（元）（從量較高）。

　②從價關稅＝ 100,000×15% ＝ 15,000（元）。

(2)假定申報完稅價格 200,000 元時，關稅應從價計徵 30,000 元，因：

①從量關稅= 225×100= 22,500（元）。

②從價關稅= 200,000×15%= 30,000（元）（從價較高）。

(二)貨物稅

依貨物稅條例第 18 條規定：國外進口應稅貨物之完稅價格，應按關稅完稅價格加計進口稅捐之總額計算之。

1.從量課徵

從量貨物稅＝該貨物單位應課稅額×貨物稅率

2.從價課徵

從價貨物稅＝（關稅完稅價格）＋（關稅稅額）×貨物稅稅率

　　　　　＝貨物稅完稅價格

簡易式：

　　　　　關稅完稅價格 ×(1+x%)× 貨物稅稅率

自美國進口一部轎車，排氣量為 3,800C.C.（稅則第 8703.24.10 號，稅率為 30%），經核估結果，關稅之完稅價格為 1,000,000 元，貨物稅稅率為 35%，則：

　　　　　貨物稅＝1,000,000×(1+30%)×35%= 455,000（元）

(三)營業稅

依加值型及非加值型營業稅法第 20 條規定：進口貨物按關稅完稅價格加計進口稅捐後之數額，依營業稅法第十條規定之稅率計算營業稅額。貨物如係應徵貨物稅或菸酒稅之貨物，按前述數額加計貨物稅額或菸酒稅額後計算營業稅額。

1.無貨物稅

　　　　　營業稅＝關稅完稅價格×營業稅率

2.有貨物稅

　　　　　營業稅＝（關稅完稅價格＋關稅＋貨物稅）×營業稅率

以進口轎車為例，其營業稅計算如下：

$$營業稅 = (1,000,000 + 300,000 + 455,000) \times 5\%$$
$$= 87,750（元）$$

㈣規　費

依關稅法第一百零一條規定:「海關對進出口運輸工具與貨物所為之特別服務及各項證明之核發，得徵收規費」。

㈤推廣貿易服務費

推廣貿易服務費＝關稅完稅價格 ×0.04%，CIF×0.04%（出口按 FOB 計算）。若以貨物稅之進口轎車為例，則

$$推廣貿易服務費 = 1,000,000 \times 0.04\% = 400（元）$$

三、進口通關應注意事項

進口廠商對於通關作業應注意採取主要措施如下:

⑴充分瞭解關稅法有關規定

關稅法所規定內容雖然甚多，但業者應該充分瞭解有關完稅價格之規定及各種手續之時限，俾能按規定申報與辦理。

⑵充分瞭解貨物的成本及售價

完稅價格以實際交易價格為基礎，而實際交易價格則以貨物成本為主要依據。因此，納稅義務人應充分瞭解此兩者。

⑶隨時注意國內及國際經濟情況

業者除一般市場情報之外,對於國內及國際經濟情況亦應隨時注意,因為國內及國際經濟的特殊情況，是行政機關增減關稅稅率的主要因素與條件。

⑷留意關稅稅則的修正

關稅稅率訂於關稅稅則中，而稅則的修正須經立法手續，故業者應特別留意關稅稅則的修正，俾能於有利稅率下輸入貨物。

⑸瞭解其經營貨物及類似貨物的稅率

業者對於其所經營物品及類似物品的關稅稅率，應充分瞭解，以作

為開發新產品之依據。

(6)善用報關專業業者

貨物輸出入報關手續，除由業者自行辦理外，得委託報關行代行。報關行對有關法令具有相當高度知識，並且具有專業知識、經驗及技巧，故除業者規模大、報關件數多或其他特殊情形，採用自行報關較有利而方便外，應儘量利用報關業者代辦較適當。

第五節　進口貨物押款放行

一、押款之原因：先提貨

進口貨物有許多狀況，可以以押款方式免繳納稅款先行通關，如能善加利用，不但可以早日提領貨物爭取商機，而且可以減輕資金負擔，茲說明如次：

(1)進口貨物之押款是在貨物通關中經常會遇到的問題。依現行規定，進口貨物有多種狀況，可以以押款方式通關，也就是用提供擔保或繳納保證金的方式，免繳稅款先行驗放貨物或為其他請求。其中有些狀況，例如關稅法第十八條第三項第一款規定，對於申請先行提貨後補送減免關稅有關證明文件的情形，可請求押款放行。

(2)依據現行規定押款的方式，除少數場合必須用現金外，尚可以政府發行的公債券、銀行或信用合作社的定期存款單、信託投資公司一年期以上普通信託憑證、授信機構的擔保函等，並視其情形，可以用暫准通關證、政府有關機關或公營事業提供書面保證及退稅用副報單充當押款。如能善加利用，不但可以早日提領貨物，爭取商機，而且可以減輕資金負擔。因此業者允宜深入瞭解，不要輕忽本身的權益。

二、准予押款之理由和處理方式

1.准繳納保證金先行驗放

(1)進口貨物因查價，稅則待決及化驗之貨物（押相當應繳稅款之數額）。

(2)納稅義務人未即時檢具減免關稅有關證明文件而能補正者（押相當於全部應繳稅款之數額）。

(3)納稅義務人未即時申請簽發輸入許可文件，而有即時報關提貨之需要者，但以進口貨物屬准許進口類貨物者為限（押相當於海關核定進口貨物完稅價格之數額）。

(4)其他經海關認為有繳納保證金，先行驗放之必要者（押海關視案情需要所核定之數額）。

(5)應徵關稅之貨樣，科學研究用品、試驗用品、展覽物品、遊藝團體服務、道具攝製電影、電視之攝影製片器材、安裝修理機器必需之儀器、工具、盛裝貨物用之容器、進口整修、保養之成品及其他經財政部核定之物品，在進口後六個月內或於財政部核定之日期前，原貨復運出口者（押稅款保證金）。

2.逾期未補辦保證金之處理方式

(1)押查價、稅則待決及化驗等案件，俟關稅總局核示後，應發函檢附稅款繳納證通知之，納稅義務人於收到之日起十四日內決定是否繳納，向海關聲明異議，逾期即以押金抵繳結案。

(2)押補辦輸入憑證或減免關稅有關文件者，限期於進口放行後四個月內補辦，因事實需要，須延長期限者，應於期限屆滿前，以書面敘明理由檢附有關證件，向押金股申請核辦。

(3)押復運出口案件，應在進口後六個月內或在財政部核定之日期前，原貨復運出口，因事實需要，須延長復運出口期限者，應於出口期限屆滿前，以書面說明理由檢附有關證件，向原進口地海關申請核辦，其復運出口期限如原係財政部核定者，應向財政部申請核辦。

第六節　出口貨物通關

一、出口報關前應行辦理事項

　　出口貨物之通關應向各關稅局及其分、支局之出口通關單位提出出口報關手續。將貨物輸出國境時，應依照海關所規定之手續辦理報關、裝船（或飛機）出口，海關所定之出通關手續可分為四項：①海關對出口貨物之控制，即出口貨物應在報關前，先運進海關連鎖倉庫或貨櫃集散站或航空貨運站存放；②辦理出口貨物之通關，即報關、驗貨、分類、估價及放行；③出口貨物裝船（或飛機），輪船公司（或航空公司）辦理結關；④向海關申領出口報單副本，憑以辦理沖退稅和減免營業稅。

二、出口報關應檢附之文件

　　出口貨物之申報，應由貨物輸出人（即出口商）或其委託之報關行，依出口貨物報關驗放辦法第六條之規定，填送貨物出口報單，並檢附託運單、裝箱單、型錄、說明書或圖樣，及按規定必須繳驗之輸出許可證、檢驗合格證文件，向海關辦理報關，茲說明如次：

　　出口報關應檢附之文件：

　(1)出口報單：出口報單應填送「正本」第一聯一份，「副本報單」視需要分別加繕。出口報單副本計有「押匯用聯」、「沖退原料稅用聯」、「退內地稅用聯」、「出口證明用聯」、「送國貿局分聯」、「留底聯」（經海關收單單位加蓋收單戳記後發還）、「其他聯」。

　(2)裝貨單或託運單：裝貨單又稱下貨單（Shipping Order，簡稱 S/O），係海運專用之文件，為船公司發給船長的裝貨命令。裝貨單通常要附一份「大副收據」(Mate's Receipt) 或「櫃裝貨物收貨單」（以貨櫃裝運的出口貨物進入貨櫃集散站，由船方代表在貨櫃集散站簽收貨

物之收據)。如係空運出口貨物，應檢附託運單或稱「貨物託運申請書」。一份出口報單只能附一份裝貨單，但空運併裝出口單物得以數份出口報單共附同一託運單。

(3)裝箱單 (Packing List)：國內廠商依據實際裝箱之情形編製。按每一箱號列明其內裝出口貨物的名稱、型號、規格、數量、淨重、毛重等，以便利國外收貨人查對，同時便利海關驗貨關員查驗。但包裝一致，內容相同的貨物，則可免附裝箱單。

(4)輸出許可證 (Export Permit)：由國貿局或簽證銀行所簽發。

(5)輸出檢驗合格證 (Certificate of Export Inspection)。

(6)貨物進倉證明文件：由庫（站）管理員簽章，並註明進倉時間。

(7)出口報關委任書：凡委託報關行報關者，應附委任書乙份。

(8)出口貨物裝入貨櫃申請書：如係以貨櫃裝運之出口貨物，應檢附該申請書一式二份，如係整裝貨櫃應報明貨櫃標記和號碼。

三、出口貨物之通關流程

出口貨物之通關流程包括：①收單建檔；②查驗；③分類估價；④放行裝船；出口，凡在規定時間內投單者，必定在當天予以完成通關放行手續，順利裝船出口。

近年來，由於我國工商業蓬勃發展，出口貨物急劇增加，出口報單巨幅成長，海關人手無法比例增加。為因應此種情況，除實施抽驗制度，對退稅金額較高及易於仿冒之貨物加強查驗外，同時實施夜間加班辦理出口貨物之通關，若遇出口報單較多之日，海關時有加班至次日凌晨三、四時者，其辛勞實非外人所能瞭解。

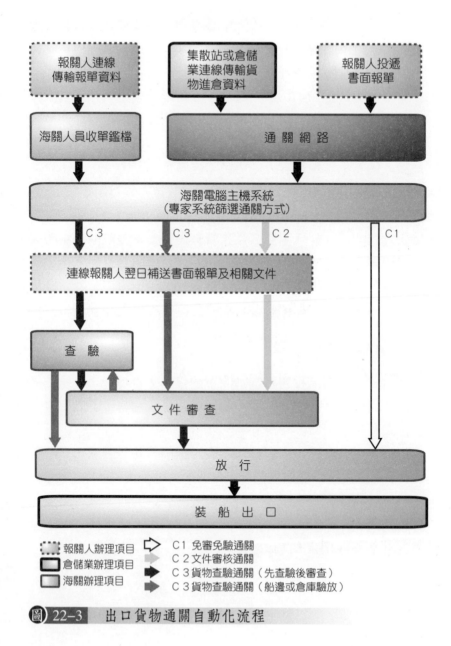

報關人連線
傳輸報單資料

集散站或倉儲
業連線傳輸貨
物進倉資料

報關人投遞
書面報單

海關人員收單鑑檔

通 關 網 路

海關電腦主機系統
（專家系統篩選通關方式）

C 3　　　　　C 3　　　　　C 2　　　　　C1

連線報關人翌日補送書面報單及相關文件

查 驗

文 件 審 查

放 行

裝 船 出 口

報關人辦理項目
倉儲業辦理項目
海關辦理項目

C1 免審免驗通關
C2 文件審核通關
C3 貨物查驗通關（先查驗後審查）
C3 貨物查驗通關（船邊或倉庫驗放）

圖 22-3　出口貨物通關自動化流程

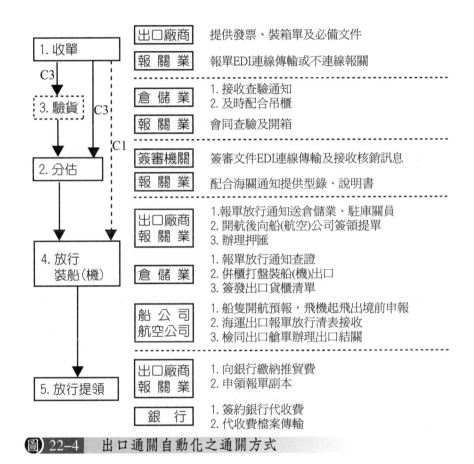

| 1. 收單 | 出口廠商 | 提供發票、裝箱單及必備文件 |
| 報 關 業 | 報單EDI連線傳輸或不連線報關 |

| 3. 驗貨 | 倉 儲 業 | 1. 接收查驗通知
2. 及時配合吊櫃 |
| 報 關 業 | 會同查驗及開箱 |

| 2. 分估 | 簽審機關 | 簽審文件EDI連線傳輸及接收核銷訊息 |
| 報 關 業 | 配合海關通知提供型錄、說明書 |

4. 放行 裝船(機)	出口廠商 報 關 業	1. 報單放行通知送倉儲業、駐庫關員 2. 開航後向船(航空)公司簽領提單 3. 辦理押匯
倉 儲 業	1. 報單放行通知查證 2. 併櫃打盤裝船(機)出口 3. 簽發出口貨櫃清單
船 公 司 航空公司	1. 船隻開航預報，飛機起飛出境前申報 2. 海運出口報單放行清表接收 3. 檢同出口艙單辦理出口結關

| 5. 放行提領 | 出口廠商
報 關 業 | 1. 向銀行繳納推貿費
2. 申領報單副本 |
| 銀 行 | 1. 簽約銀行代收費
2. 代收費檔案傳輸 |

圖 22-4 出口通關自動化之通關方式

| 第七節 | 旅客入出境通關 |

一、旅客入境申報

　　入境旅客應於入境時，繕具中華民國海關申報單向海關申報，但如行李物品品目、數量合於下述免稅物品範圍且無其他應申報事項者，得免申報。

二、入境旅客攜有下列物品者，必須據實申報

(1)攜帶禁止、管制或其他限制進口之行李物品（如槍械、武器、彈藥、毒品……等）。

(2)攜帶菸、酒或行李物品超過免稅範圍者。

(3)攜帶逾 10,000 美元或等值之其他外幣現鈔者。

(4)攜帶新臺幣逾 60,000 元者。

(5)攜帶黃金價值逾 20,000 美元者。

(6)有後送行李（不隨身行李）者。

(7)攜帶水產品或動植物類產品者。

(8)攜帶藥品或大陸土產品逾限量標準者。

(9)攜帶放射性物質或儀器者。

(10)有其他不符合免稅規定或須申報事項或依規定不得經由免申報檯通關者。

三、免稅物品之範圍如下

(1)雪茄 25 支或捲菸 200 支或菸絲一磅，酒 1 公升（不限瓶數）或小樣品酒（限每瓶 0.1 公升以下）1 公升（不限瓶數），限成年旅客自用者。

(2)上列以外非屬禁止或管制進口，如在國外即為旅客本人所有，且已使用過之行李物品，其單件或一組之完稅價格在新臺幣 10,000 元以下者。

(3)上列(1)(2)項以外之物品，其完稅價格總值在新臺幣 20,000 元以下者，仍予免稅；但經常出入境，且有違規紀錄或明顯帶貨營利行為者，不適用之。

(4)廣告品及貨樣，無商業價值或完稅價格在新臺幣 12,000 元以下者。

四、應稅物品

旅客攜帶進口隨身及不隨身行李物品，合計如已超過免稅物品之範圍及數量者，均應課徵稅捐，其免稅範圍以合於其本人自用及家用者為限。

1.應稅物品之限值與限量

(1)入境旅客攜帶進口隨身及不隨身行李物品，其中應稅部分之完稅價格總和以不超過每人 20,000 美元為限，未成年人減半。

(2)前項限值中屬於貨樣、機器零件、原料、物料、儀器、工具等之總值不得超過 20,000 美元，但不得包括禁止進口物品及違禁品在內。

(3)入境旅客隨身攜帶之單件自用行李，如屬於准許進口類者，超過上列限值，仍得免辦輸入許可證。

(4)有明顯帶貨營利行為或經常出入境（係指於三十日內入出境兩次以上或半年內入出境六次以上）且有違規紀錄者，得依規定標準從嚴審核，其所攜行李物品之數量及價值折半計算。

(5)以過境方式入境之旅客，除因旅行必需隨身攜帶之自用衣物，及其他日常生活用品免稅攜帶外，其餘所攜帶之行李物品依上開(4)之規定辦理稅放。

(6)進口供餽贈或自用（含展覽品）之洋菸酒，其數量不超過菸（1,000支）、雪茄（125 支）、菸絲（5 磅）、酒（5 公升）（包含免稅部分），

進口時免附菸酒進口業許可執照影本，惟進口後不得作營業用途。

(7)入境之旅客攜帶之行李物品，超過上列限值及限量者，如已據實申報，應於入境之翌日起二個月內繳驗輸入許可證稅放或辦理退運，不依限退運者，得由貨主聲明放棄後，依關稅法第九十六條之規定，將其貨物變賣或銷毀。

(8)入境之外籍及華僑等非國內居住旅客攜帶自用應稅物品，得以登記驗放方式代替稅款保證金之繳納或授信機構之擔保。經登記驗放之應稅物品，應在入境後六個月內或經核准展期期限前原貨復運出境，並向海關辦理銷案。逾限時由海關逕行填發稅款繳納證補徵之，並停止其享受該項登記之權利。

2.不隨身行李

(1)不隨身行李應在入境時即於申報單上報明件數及主要品目，並應自入境之翌日起六個月內進口。

(2)違反上述進口期限或入境時未報明有後送行李者，除有正當理由(例如船期延誤) 外，其進口通關按一般進口貨物處理。

(3)行李物品應於裝載行李之運輸工具進口日之翌日起十五日內報驗，逾限依關稅法第七十三條之規定辦理。

(4)旅客之不隨身行李進口時，應由旅客本人或以委託書委託代理人或報關行按一般貨物進口報關手續填具進口報單，向海關報驗，除應詳細填報應稅物品名稱、數量及價值外，並應註明該旅客入境日期、護照或入境字號及在華地址。

五、黃金、外幣及新臺幣

(1)黃　金

旅客攜帶黃金進口不予限制，但不論數量多寡，均必須向海關申報，如所攜黃金總值超過 20,000 美元者，應向經濟部國際貿易局申請輸入許可證，並辦理報關驗放手續。

(2)外　幣

　　旅客攜帶外幣入出境者不予限制，但應於入出境時向海關申報。超過等值 10,000 美元且未經申報或申報不實者，其超額部分沒入之。

(3)新臺幣

　　旅客攜帶新臺幣入出境以 60,000 元為限，如所帶之新臺幣超過該項限額時，應在入出境前先向中央銀行申請核准，持憑查驗放行，否則，應予退運。

六、農產品

(1)旅客攜帶自用農產品，總量限為 6 公斤，其中食米、花生、蒜頭、乾金針、乾香菇、茶葉各不得超過 1 公斤。（水果禁止攜帶）

(2)旅客攜帶大陸產製之農產品總量亦限為 6 公斤，其中食米、花生、蒜頭、乾金針、乾香菇、茶葉各不得超過 1 公斤。（水果禁止攜帶）

(3)旅客攜帶上開物品超過上列限量，經向海關申報者，責令退運，未申報者，依法沒入。

第八節　郵包進出口通關

一、進口郵包通關

1.免稅物品

(1)進口之郵包物品（洋菸、洋酒除外），其數量零星經海關核明屬實，且其完稅價格在新臺幣 3,000 元以內者，免徵進口關稅。

(2)廣告品及貨樣，其完稅價格在新臺幣 12,000 元以下者，免徵進口關稅。

2.應稅物品

(1)進口郵包離岸價格 (FOB)5,000 美元以下或等值者，如非屬限制輸入

貨品，免辦報關手續，由海關查驗核估後，開具「小額郵包進口稅款繳納證」完稅放行。

⑵進口郵包離岸價格 (FOB) 超過 5,000 美元者，或須憑簽證文件申報進口者，應辦理報關手續。

3.報關應備文件

⑴提貨單（包裹單）

收貨人名稱、地址與輸入許可證上所記載者必須相符。

⑵進口報單

二份，其他各聯視需要加繕。

①全份報單均須按報單格式一式套打填列。

②報單上蓋納稅義務人中英文名稱、地址、廠商、統一編號、電話之章戳。

⑶輸入許可證

⑷「委任書」

進口郵包收件人如委託報關行代為申報時，應檢附一份，並加蓋公司及負責人圖章。

⑸貨價申報書二份（涉及影響進口貨物完稅價格之核定案件者）

①蓋公司及負責人圖章。

②應報明有無特殊關係、交易條件、費用負擔情形。

③下列進口貨品免繳：免稅貨品、國貨復運進口之貨物、政府機關、公營事業、保稅工廠、加工出口區、科學工業園區等事業進口之貨物。

⑹發票二份

①發票 (Invoice) 或商業發票 (Commercial Invoice) 二份，如為政府機關或公營事業單位之進口貨物，則僅需一份。

②應詳載收貨人名稱、地址、貨物名稱、牌名、數量、規格、單價、運費、保險費等。

③加蓋公司及負責人圖章。

(7)說明書或目錄

(8)裝箱單

進口貨物如僅有一箱者免附。

4.郵包進口通關及徵稅規定

(1)小額郵包之各項稅捐通常委託郵局於包裹送達時憑海關填發之「小額郵包進口稅款繳納證」代收稅款。

(2)惟遇有需檢具主管機關輸入許可文件或相關資料者，請親臨會同驗關後，由現場郵局代收稅款。

(3)以上者，應繕具進口報單辦理手續，亦由郵局代收稅款。

(4)有關進口郵包應繳納之各項稅費如物稅、營業稅、菸酒稅、菸品健康捐、推廣貿易服務費等，由海關依相關稅法規定一併代徵。

(5)國外寄回之郵包，其完稅價格若超過新臺幣 3,000 元，依規定應繳進口關稅、營業稅，其計算方式如下：

①關稅＝完稅價格（貨價＋郵包郵資）×關稅稅率

②營業稅＝（完稅價格＋關稅）×營業稅率 (5%)

③應繳稅款總數＝關稅＋營業稅

(6)為應核價需要，請囑寄件人於郵包發遞單上申報交易價格或郵包內部檢附發票，俾憑開立「小額郵包進口稅款繳納證」，委託郵務人員於遞送包裹時代收稅款，收件人無須親自前來辦理。

(7)郵包收件人如不服海關對其進口郵包核定之稅則號別、完稅價格者，得於海關填發稅款繳納證之日起三十日,填具國際包裹複驗申請書，請求複驗或依關稅法有關規定，以復查申請書向海關申請復查。

二、出口郵包通關

1.免具出口報單物品

寄往國外之小額郵包，非屬「限制輸出貨品表」之貨品，且離岸價

格在 5,000 美元以下或等值者，免具出口報單，惟須填妥郵局印製之國際包裹五聯單，對寄物名稱、數量、價值，應據實申報，並在該五聯單上簽章，如屬商品或貨樣，請加附商業發票，以憑審核。寄件人填妥五聯單連同郵包交各地郵局窗口辦理交寄手續，由郵局將郵包彙送海關抽驗放行。

2.應檢具出口報單辦理報關物品

凡需繳驗簽證文件，離岸價格超過 5,000 美元以上或等值者，保稅工廠或申請退稅之出口郵包物品，均應繕打出口報單並檢附其他必備文件，向各地駐郵局海關辦理出口報關手續，切勿以郵局印製之發遞單、報關單向未駐海關之各地郵局郵寄。

3.郵包出口通關作業規定

(1)填妥郵局印製之國際包裹五聯單，每箱各一份。

(2)出口報單：一式一份，另視廠商需要加繕副本並加蓋輸出、入中、英文名稱、住址、廠商、統一編號、電話、章戳。

(3)發票一式二份：加蓋公司及負責人圖章。

(4)裝箱單一份：加蓋公司及負責人圖章。

(5)輸出許可證第三聯。

(6)「委任書」：出口郵包寄件人如委託報關行代為申報時，應檢附一份。

(7)保稅工廠出口應檢附保稅工廠出廠放行單。

(8)其他有關文件：

　①經濟部商品檢驗局檢驗合格證書。

　②行政院新聞局同意出口文件（錄影節目帶、廣播電視節目及電影片）。

　③行政院衛生署同意文件。

　④貨物稅完稅照。

　⑤產地證明書。

　⑥警政署同意文件。

第九節　快遞貨物進出口通關

一、一般快遞貨物進出口通關

(1)快遞貨物應符合下列條件

　①非屬管制品、違禁品、侵害智慧財產權物品、活動植物、保育類野生動植物及其產製品。

　②每件（袋）毛重七十公斤以下之貨物。

(2)貨物進出口應以電腦連線方式透過通關網路向海關申報，進出口文件類及低價類快遞貨物，其屬免繳驗簽審、檢疫、檢驗文件，且非屬財政部公告實施特別防衛措施或無其他特別規定者，得以簡易申報單辦理通關。

(3)進出口貨物依免審免驗通關方式處理者，免補送書面報單及其他文件，並應由報關人自放行之日起依報單號碼逐案列管二年，並於必要時補送或供海關查核。（C1 報單）

(4)進出口貨物依文件審核通關方式處理者，應檢附報單及簽審文件，但簽審機關已與通關網路連線者，其簽審文件得以電子資料傳輸方式提供。（C2 報單）

(5)進出口貨物依貨物查驗方式處理者，應檢附報單及查驗必備文件。（C3 報單）

二、快遞業者，得於快遞專區辦理下列通關業務

(1)進出口轉運科學工業園區及加工出口區（T1 轉運申請書）業務其作業規定依有關轉運作業流程規定辦理，C2 或 C3 通關案件由本局快遞機放組第二、三、四課辦理審核及查驗，C1 通關案件則由該課駐庫關員核對嘜頭、件數無訛後逕予加封轉運，並於貨棧印表機列印

轉運准單。

⑵加工出口區、科學工業園區、農業科技園區、事業進口保稅貨物 (B6) 在進口地海關辦理通關業務。

⑶加工出口區出口貨物，轉運至本專區出口業務。

⑷保稅工廠進口保稅原料（B6 進口報單）業務。

⑸保稅倉庫出口貨物（D5 出口報單）轉運至本專區出口業務。

⑹申請資格登記：快遞業者及整合型航空貨運業者應檢具公司登記證明書、營利事業登記證及航空貨運承攬業許可等證件，向臺北關稅局快遞機放組申請登記核准，始可在快遞貨物專區辦理進出口快遞貨物通關。

三、快遞專差 (OBC) 出口通關

⑴快遞專差指受僱於快遞業者，並以搭乘飛機方式為其攜帶快遞貨物之人。

⑵快遞專差攜帶之快遞貨物，應符合下列條件：

①非屬管制品、違禁品、侵害智慧財產權物品、活動植物、保育類野生動植物製品。

②每件（袋）毛重三十二公斤以下之貨物

③每次攜帶之數量不得逾六十件（袋），金額不得逾 20,000 美元。

⑶保稅工廠、加工出口區、科學工業園區、農業科技園區產品，符合前項所列條件者，得委託快遞專差攜帶出口。

關鍵詞

◎ 報關行 ◎ 報關期限 ◎ 滯納金 ◎ 滯報費 ◎ 規費 ◎ 押款放行 ◎ 快遞通關 ◎ 通關自動化 ◎ C1、C2、C3 通關

自我評量

1. 請說明進口貨物辦理報關，應檢附哪些報關文件?

2. 請說明進口貨物之通關流程?

3. 請說明進口貨物應繳納哪些稅費?

4. 請說明進口貨物准予辦理押款放行之原因為何? 又逾期未補辦，其所繳納之保證金，海關將如何處理?

5. 請說明出口貨物辦理報關，應檢附哪些報關文件?

第二十三章　外銷沖退稅制度與實務

一、外銷沖退稅概述

外銷沖退稅制度係指外銷廠商製造外銷品其所使用之進口原料，當加工成貨品外銷後，准予退還或沖銷其所使用進口原料之稅捐，如進口時稅捐係繳現者，外銷後准予退還其所繳納之稅捐，稱之為「退稅」。如進口時稅捐係記帳者（包括授信機構擔保記帳或自行具結記帳），外銷後准予沖銷其記帳稅捐，稱之為「沖稅」。一般則稱之為「外銷品沖退稅」。

二、外銷沖退稅制度之主要法令依據

外銷沖退稅制度其所依據之法規因其所沖退稅捐之不同而各有法令依據，茲列舉主要法規說明如下：

(1)關稅法

關稅法第六十三條規定：「外銷品進口原料關稅，除經財政部公告取消退稅之項目，以及原料可退關稅占成品出口離岸價格在財政部核定之比率或金額以下者，不予退還外，得於成品出口後依各種外銷品產製正

常情況所需數量之原料核退標準退還之。」

(2)貨物稅條例

貨物稅條例第四條規定，已納或保稅記帳貨物稅之貨物，有下列情形之一者，退還原納或沖銷記帳貨物稅，其中包括：①運銷國外者；②用作製造外銷品之原料者。此乃外銷退稅准予退還貨物稅之法源。

(3)外銷品沖退原料稅辦法

(4)其他有關行政命令或實務規定

三、申請外銷沖退稅之基本條件

外銷廠商申請沖退原料稅捐應具備下列基本條件：

(1)進口憑證（進口報單）

依規定外銷品其所使用之進口原料應繳之稅捐可繳現或記帳（由授信機構擔保記帳或自行具結記帳）。

(2)出口憑證（出口報單）

該外銷品須按規定報運出口且貨品業已外銷或視同外銷（如輸往保稅區）。

(3)退稅標準

外銷廠商必須有外銷品退稅標準，以供經辦機關憑以計算外銷品可沖退稅捐金額。外銷成品折算使用原料數量應按經濟部工業局所核定之「原料核退標準」。

(4)須符合現行法令規定

須符合關稅法及外銷品沖退原料稅辦法有關規定辦理。

四、申請沖退稅之項目

(1)進口稅。

(2)貨物稅。（由海關代徵之貨物稅，應隨同關稅一併辦理）

(3)進口營業稅。

五、申請沖退稅之廠商

外銷廠商貨品出口時，宜特別注意稅負之是否轉嫁及退稅權益之歸屬問題，依規定可申請沖退稅之廠商有；①原料進口廠商；②成品出口廠商；③合作外銷加工廠商。惟有權申請沖退之廠商應依下列規定辦理：

　⑴記帳案件：限定由原進口之記帳廠商申請沖銷。

　⑵繳現案件：准由原進口繳稅廠商或加工廠商或出口廠商擇一申請退還。

表 23-1　沖退稅件申請單位分類

沖退稅件種類	申請廠商
1.繳現案件	進口商、加工商、出口商
2.記帳案	進口商

六、申請沖退稅之期限

進口原料放行之翌日起一年六個月內檢附有關證件提出申請，逾期不予受理。但遇有特殊情形，得向財政部申請展期，其延展以一年為限。

圖 23-1　申請沖退稅之期限

七、進口原料稅捐之納稅方式

(1)繳現：進口時進口稅捐以付現繳納。

(2)記帳：由授信機構保證或自行具結記帳。

八、申請沖退稅捐金額之計算方式

外銷品沖退原料稅捐之計算，可依下列規定辦理：

(1)按原料核退標準退稅者：依原料核退標準所列應用原料名稱及數量計算應沖退稅捐。

(2)核實退稅者：零組件不計算損耗，核實退稅。

九、外銷退稅之主管及經辦機關

(1)主管機關：財政部（關政司）。

(2)經辦機關：關稅總局保稅退稅處。

十、營業稅記帳、沖銷規定及作業流程

(1)進口原料應納營業稅得辦理自行具結記帳，但以外銷廠商自國外直接進口原料並自行加工出口至國外者為限，不包括課稅區與保稅區間之進、出口案件。

(2)辦理營業稅記帳之進口原料，其整份進口報單完稅價格應在新臺幣200 萬元以上。但取具目的事業主管機關證明可適用海關進口稅則增註列免徵關稅之貨物，不在此限。

(3)外銷品得沖銷之營業稅，以其出口離岸價格依加值型及非加值型營業稅法第十條所定徵收率計算之金額核計。

(4)經核准記帳之進口原料營業稅，由海關按月逐依其總出口沖銷金額沖銷之。沖銷後之營業稅明細資料存於海關網站供廠商查詢。

第二節　外銷沖退稅實務

一、辦理沖退稅捐之經辦機關

　　財政部關稅總局保稅退稅處，係負責全國進口關稅及代徵貨物稅之退還機關。

二、申請沖退稅應檢附之文件

(1)外銷品沖退稅捐申請書（甲表、乙表、丙表）。

(2)供退稅用之進口報單（影本）。

(3)供退稅用之出口報單第三聯（副本第三聯正本）。

(4)進口商、出口商退稅同意書（合作外銷案件）。

(5)其他依法令規定應檢附之特別核准退稅證明文件。

三、外銷沖退稅實務規定

(1)視同外銷准予退稅。

(2)進口原料關稅適用稅則第三欄稅率者，按第一欄稅率核計退稅款。

(3)退稅標準由經濟部工業局核定及其適用規定。

(4)外銷品出口離岸價格低於所用原料起岸價格按比例核退。

(5)外銷品報運出口應檢附用料清表規定。

(6)外銷品合併辦理退稅及補退稅規定。

(7)外銷品退稅案件溢退、短退規定。

(8)不予退稅規定

　　①財政部會商經濟部所定之比率或金額以下者，不予退稅。

　　②依財政部民國七十二年八月二日臺財關第 21365 號函規定，外銷品使用原料可退稅捐在出口離岸價格 1% 以下者不予退稅。

(9)加工外銷用進口原料復運出口免稅規定。

(10)外銷品復運進口追徵退稅款規定。

四、申請沖退稅案件海關作業流程圖

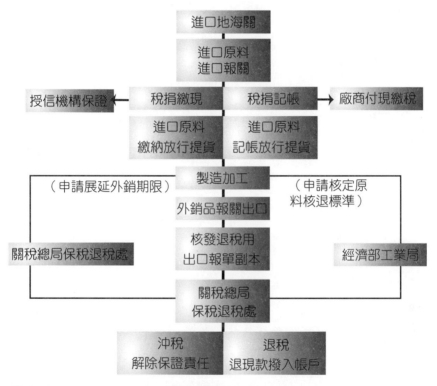

圖 23–2　申請沖退稅案件海關作業流程圖

五、外銷品沖退稅制度作業流程圖

| 進口原料 進口放行日期 | (進口後1年6個月) 申請期間 | 沖退稅案件 申請收件日期 | 逾期不予受理 |

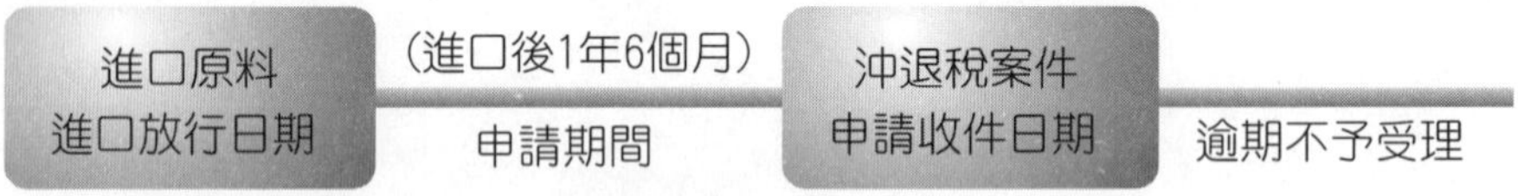

圖 23-3 外銷品沖退稅制度作業流程圖

關鍵詞

⊙外銷品沖退稅　⊙退稅標準　⊙沖退稅期限　⊙進口、出口退稅
同意書　⊙視同外銷　⊙自行具結記帳

自我評量

1. 政府為何要實施外銷退稅制度？
2. 申請外銷沖退稅之基本條件為何？
3. 目前可申請沖退稅之項目為何？又哪些廠商可辦理沖退稅？
4. 請說明申請外銷品沖退稅捐其金額如何計算？

第二十四章　保稅制度與實務

　　進口貨物之進口關稅於貨物進口時，即應予課徵，惟海關在稽徵業務中，為促進經濟發展和貿易往來之順利運作，特實施保稅制度。在保稅區域內對國外進口之貨物，將其關稅之徵收暫時予以保留，惟此等未稅貨物應置於海關監管之下，以免未稅貨品流入課稅區。因此保稅區域係供進口貨物以未繳納關稅之狀態儲存，且可供其作三角貿易、重整、加工及製造之場所，故保稅區域可視為關稅法上之外國區域。就我國言，保稅區域主要有保稅倉庫、物流中心、保稅工廠、加工出口區、科學工業園區、農業科技園區及免稅商店，進出口廠商宜多加利用此保稅之功能。

　　就保稅制度之形態言，依其目的可分為：①消極性保稅區域與保稅運輸，旨在提供通關手續之便利；②積極性保稅區域，旨在促進進口貨物之交易、轉口、加工及拓展對外貿易。

一、保稅制度之意義

　　保稅制度 (Bonded System) 係依關稅法上所訂之制度對未經海關放行之進口貨物，或經貨物驗封待運出口或轉運出口之貨物及其他應受海

關監管之貨物，如保稅倉庫、物流中心、保稅工廠、加工出口區、科學工業園區等之進出口未稅貨物，應受海關監管，以免未稅貨物流入課稅區之管理制度而言。此等貨物，稱之為「保稅貨物」。

通常自國外運抵國境之貨物，除完稅進口外，尚有轉口、寄售、原貨復運出口及加工後復運進口等情況。各國關稅法對於自國外進口之貨物均有課徵進口稅之規定，該貨不論為應稅品或免稅品，在未確定其為應稅或免稅前，均屬關稅課徵之客體，具有「保稅」之特性。

二、保稅制度之種類

目前海關核准存放未稅貨物之保稅場所有以下九種，茲說明如下：

(1)保稅貨棧：係指經海關核准登記專供存儲未完成海關放行手續之進口、出口或轉口貨物之場所：

　　①進口貨棧，限存自國外輸入之進口貨物或轉口貨物。

　　②出口貨棧，限存出口貨物。

(2)貨櫃集散站：係專供貨櫃及裝櫃貨物集散倉儲之場地。

(3)保稅倉庫：供運達貨物在提領進口前存儲保稅貨物。

(4)物流中心：經營保稅貨物倉儲、轉運及配送業務之保稅場所，得向海關申請登記為物流中心。

(5)保稅工廠：外銷品製造廠商經申請海關核准登記為海關管理保稅工廠，進口原料保稅進廠，加工製成成品出口，免徵關稅。

(6)免稅商店：免稅商店出售之貨物免徵關稅、貨物稅、菸酒稅，其營業稅稅率為零。

(7)加工出口區：區內事業自國外輸入自用機器設備、原料、物料、燃料及半成品，免徵進口稅捐。

(8)科學工業園區：園內事業自國外輸入自用機器設備、原料、物料、燃料及半成品，免徵進口稅捐。

(9)自由貿易港區：自由港區事業自國外運入自由港區內供營運之貨物

免徵關稅、貨物稅、營業稅、菸酒稅、菸品健康福利捐、推廣貿易服務費及商港服務費。

第二節　保稅倉庫

一、保稅倉庫之意義

自國外進口之貨物，在提領前，得申請海關存入保稅倉庫。在規定存倉期間內，原貨出口或重整後出口者，免稅。又貨物所有人或倉單持有人，得申請海關於倉庫範圍內整理、分類、分割、裝配或重裝。所以保稅倉庫的運作具有保稅、儲存、轉口、重整、檢驗、測試和發貨的多重功能，可促進轉口和三角貿易的發展。

二、保稅倉庫設立之法據

(1)關稅法：關稅法第五十八條。
(2)保稅倉庫設立及管理辦法。

三、保稅倉庫設立之條件

(1)以股份有限公司組織為限，且實收資本額在新臺幣 2,000 萬元以上。
(2)保稅倉庫須建築堅固，經主管機關核定得作為倉庫使用。
(3)須視其存倉貨物之性質，具有防盜、防火、防水、通風、照明或其他確保存倉貨物安全與便利海關管理之設備及適當之工作場所。
(4)保稅倉庫業者應設置電腦及相關連線設備，以電腦連線或電子資料傳輸方式處理貨物通關、帳務處理及貨物控管等有關作業。
(5)保稅倉庫應在港區、機場、加工出口區、科學工業園區、鄰近港口地區或經海關核准之區域內設立。

四、保稅倉庫得存儲之貨物

(1)一般貨物。

(2)供經營國際貿易之運輸工具專用之燃料、物料及客艙用品。

(3)修造船艇或飛機用器材。

(4)礦物油。

(5)危險品。

(6)供檢驗、測試、整理、分類、分割、裝配或重裝之貨物（以下簡稱重整貨物）。

(7)修護貨櫃或貨盤用材料。

(8)展覽物品。

(9)供免稅商店銷售用之貨物。

(10)其他經海關核准存儲之物品。

五、保稅倉庫之存倉期限

存儲保稅倉庫之保稅貨物，其存倉期限以二年為限，不得延長。但如係供應國內重要工業之原料、民生必需之物資、國內重要工程建設之物資或其他具有特殊理由經財政部核准者，不在此限。

六、保稅貨物之重整作業

存儲保稅倉庫之保稅貨物得依下列方式重整：

(1)檢驗、測試：存倉貨物予以檢驗、測試。

(2)整理：存倉貨物之整修或加貼標籤。

(3)分類：存倉貨物依其性質、形狀、大小顏色等特徵予以區分等級或類別。

(4)分割：將存倉貨物切割。

(5)裝配：利用人力或簡單工具將貨物組合。

⑹重裝：將存倉貨物之原來包裝重行改裝或另加包裝。

第三節　物流中心

一、物流中心之意義

　　經營保稅貨物倉儲、轉運及配送業務之保稅場所，業者得向海關申請登記為物流中心。

⑴進儲物流中心之貨物，因業務之需要，得進行重整及簡單加工。

⑵進口貨物存入物流中心，原貨出口或重整及加工後出口者，免稅。

⑶國內貨物進儲物流中心，除已公告取消退稅之項目外，得於出口後辦理沖退稅。

二、物流中心設立之法據

⑴關稅法第六十條。

⑵物流中心貨物通關辦法。

三、物流中心設立之條件

⑴實收資本額在新臺幣 2 億元以上之股份有限公司組織。其以股份有限公司或分公司名義申請設立登記者，投資於物流中心之營業資金不得低於新臺幣 2 億元。

⑵應設在國際港口、國際機場、加工出口區、科學工業園區內及鄰近國際港口、國際機場地區或經海關專案核准之地點。

⑶應與外界有明顯之區隔，且具備確保貨物安全與便利海關查核之設施。

⑷應設置電腦及相關連線設備，並以電子資料傳輸方式處理業務。

⑸應設有門禁並以電腦控管貨物及車輛之進出。

⑹應依規定繳納保證金。

⑺應符合自主管理條件。

四、物流中心之營運功能

⑴保稅貨物之倉儲、轉運及配送場所。

⑵得進行因物流必需之重整及簡單加工。

⑶得在保稅區間互相移儲或轉售。

⑷原貨出口或重整及加工後出口者免稅。

⑸實施二十四小時通關作業。(但經海關公告之貨物，除事先申請核准者外，應於海關公告上班時間內辦理)

⑹採自主管理。

第四節　　保稅工廠

一、保稅工廠之意義

外銷品製造廠商，得經海關核准登記為海關管理保稅工廠，其進口原料存入保稅工廠製造或加工產品外銷者，得免徵關稅。保稅工廠所製造或加工之產品及依規定免徵關稅之原料，非經海關核准並按貨品出廠形態報關繳稅，不得出廠。

二、保稅工廠設立之法據

⑴關稅法第五十九條。

⑵海關管理保稅工廠辦法。

三、保稅工廠設立之條件

依公司法組織登記設立之股份有限公司，其實收資本額在新臺幣

5,000 萬元以上，設有登記合格之工廠，並具備下列條件者，得向海關申請核准登記為保稅工廠：

  (1)公司財務健全。

  (2)廠區適於海關管理，設有警衛室並派員駐守者。

  (3)產品外銷者，但經監管海關核准內銷者，不在此限。

  (4)具備製造外銷成品應有之機器設備及完善之安全設施。

  (5)具備電腦處理有關保稅業務帳冊、報表及相關資料者。

四、保稅工廠之營運與功能

  (1)進口原料存入保稅工廠製造或加工產品外銷者，得免徵關稅。

  (2)受託辦理加工業務。

  (3)辦理相關產品之檢驗、測試、修理、維護業務。

  (4)向國內廠商採購加工原料。(視同外銷、得辦理沖退稅，得按月彙報)

  (5)與科學工業園區事業、加工出口區區內事業或其他保稅工廠互相轉售再加工出口者免稅。

  (6)將產品或保稅原料售與稅捐記帳之外銷加工廠再加工外銷。

  (7)將產品交由其他廠商或貿易商報運出口。

第五節　免稅商店

一、免稅商店之意義

經營銷售貨物予入出境旅客之業者,得向海關申請登記為免稅商店。免稅商店進儲供銷售之保稅貨物，在規定期間內銷售予旅客，原貨攜運出口者，免稅。

二、免稅商店設立之法據

(1)關稅法第六十一條。
(2)免稅商店設置管理辦法。

三、免稅商店設立之條件

(1)依公司法登記設立之股份有限公司，實收資本額在新臺幣 5,000 萬元以上。但經財政部核准者，不在此限。
(2)專營銷售觀光旅客商品。
(3)有以電腦處理帳貨之設備及能力。

四、免稅商店之種類

(1)機場、港口免稅商店：設在國際機場、港口管制區內；經海關核准者，並得在市區內設置預售中心。
(2)市區免稅商店：設在國際機場或港口鄰近之都市區內，或經海關核准之區域內。

五、免稅商店之銷售對象

(1)機場、港口免稅商店，以對持有護照或旅行證件之出境或入境旅客銷貨為限。
(2)免稅商店之市區預售中心及市區免稅商店，以對持有護照或旅行證件之出境旅客銷貨為限。

六、免稅商店之免稅範圍

免稅商店銷售貨物予出境或過境旅客，其免稅範圍依下列規定辦理：
(1)關稅部分：依關稅法第六十一條第二項規定，免徵關稅。
(2)貨物稅部分：依貨物稅條例第三條第一項第二款規定，免徵貨物稅。

(3)菸酒稅部分：依菸酒稅法第五條第二款規定，免徵菸酒稅。

(4)營業稅部分：依加值型及非加值型營業稅法第七條第三款規定，其稅率為零。

　　免稅商店銷售貨物予入境旅客，視同自國外採購攜帶入境，俟入境通關時，依入境旅客攜帶行李物品報驗稅放辦法辦理，如超過免稅限額，除課徵關稅外，應依法代徵貨物稅、菸酒稅及營業稅。

第六節　加工出口區

一、加工出口區設置目的

　　加工出口區設置目的為促進投資及國際貿易。由政府劃定適當地區，供外銷事業從事外銷產品製造、加工或裝配及在產銷過程中所必須之倉儲、運輸、裝卸、包裝、修配等業務之用。區內設管理處、負責廠房、倉儲等各項設施之籌劃、興建、工商登記、產品檢驗、進出口簽證及外匯管制等事項，並由關務、稅務、銀行、郵電、電力、給水與其他公用事業等有關單位設立分支單位集中辦公。

二、加工出口區之法據

　　加工出口區設置管理條例。

三、區內事業設立之條件

　　由經濟部選擇適當地區，劃定範圍，設置加工出口區。廠商可向管理處申請或向分處申請設立區內事業，經核准設立之區內事業於設立完成後，由管理處或分處發給營利事業登記證（包括工廠登記、商業登記、營業登記及特許登記）。

四、區內事業之經營範圍

區內事業得在區內從事製造加工、組裝、研究發展、貿易、諮詢、技術服務、倉儲、運輸、裝卸、包裝、修配等業務。

五、租稅優惠獎勵措施

外銷事業免徵下列各款之稅捐：
⑴由國內輸入之自用機器設備、原料、燃料、物料及半製品進口稅捐。
⑵產品及自用機器設備原料或半製品之貨物稅。
⑶營業額之營業稅。
⑷取得加工出口區內新建之標準廠房，或自管理處取得所徵購之建築物之契稅。

第七節　　科學工業園區

一、園區設置之目的

園區設置目的在引進高級技術工業及科學技術人才，以激勵國內工業技術之研究創新，並促進高級技術工業之發展。園區內包括保稅專用區、住宅區、商業區、綠地、學校、醫院以及其他公共設施，構成一個綜合高科技工業技術發展，及配合生產製造為中心的特別工業行政區。

二、科學工業園區之法源依據

科學工業園區設置管理條例。

三、核准設廠之科學工業之要件

係指經核准在園區內創設製造及研究發展高科技工業產品之事業。

及應依公司法組織股份有限公司,其投資計畫須能配合我國工業之發展、使用或能培養較多之本國科學技術人員,且具有相當之研究實驗儀器設備,而不導致公害,並合於下列條件之一為限:

(1)具有產製成品之各項設計能力及有產品之整體發展計畫者。

(2)產品已經初期研究發展且正成長中。

(3)產品具有發展及創新之潛力。

(4)具有規模之研究機構從事高級創新研究及發展工作者。

(5)生產過程中可引進與培植高級科學技術人員,並需較多研究發展費用者。

(6)對我國經濟建設或國防有重大助益者。

四、園區事業之賦稅優惠

依據科學工業園區設置管理條例第二條規定,如其他稅法規定較科學工業條例更有利者,適用最有利之規定,即表明園區內事業可享受政府獎勵投資更多之優惠,其要點說明如次:

(1)關稅: 園區事業進口之自用機器設備、原料、物料、燃料及半製品均免關稅,且無需辦理免稅手續,但內銷者應予補繳稅款。

(2)貨物稅: 園區事業外銷貨品免徵貨物稅。

(3)營業稅: 外銷貨品免徵營業稅,且免辦申請手續,內銷貨品經核准後可課稅放行。

第八節　自由貿易港區

一、自由貿易港區設置之目的

為發展全球運籌管理經營模式,積極推動貿易自由化及國際化,便捷人員、貨物、金融及技術之流通,提升國家競爭力並促進經濟發展,

經行政院核定劃設自由貿易港區。對於港區內之營運併採低度行政管制及高度自主管理，並排除港區內進行商務活動之各種障礙，以加速貨物進出港區之流通，推動貿易自由化及國際化，使我國成為主導國際間貿易之樞紐及集散、交易中心。

二、自由貿易港區之設立

(1)行政院核定於國際航空站、港口管制區內或毗鄰地區劃設管制範圍；或與國際航空站、港口管制區域間，能運用科技設施進行周延之貨況追蹤系統，並經行政院核定設置管制區域，進行國內外商務活動之工業區、加工出口區、科學工業園區或其他區域。

(2)外國人得向自由港區管理機關申請設立以境外投資為專業之控股公司，不適用外國人投資條例之規定。

三、自由貿易港區之營運

(1)國外運入區內供營運之貨物，免徵關稅、貨物稅、營業稅、菸酒稅、菸品健康福利捐、推廣貿易服務費及商港建設費。

(2)國外貨物進儲、輸往國外或轉運至他港區，只需通報，經海關電腦回應紀錄有案，即可進出港區。

(3)港區事業於發貨前向海關通報，貨物得在區內逕行交易、自由流通。

(4)輸往課稅區、保稅區，或課稅區、保稅區貨物輸往自由港，依輸出入規定通關進出自由港區。

(5)對貨物之存儲、重整、加工、製造、通報、通關等貨物控管、電腦連線通關及帳冊管理採自主管理制度。

(6)自用機器、設備，免徵關稅、貨物稅、營業稅、推廣貿易服務費及商港服務費，且無須辦理免徵、擔保、記帳及押稅手續。(但運入後五年內輸往課稅區，應依規定補徵相關稅費)

(7)銀行得依國際金融業務條例之規定，由總行申請目的事業主管機關

之特許，在區內設立會計獨立之國際金融業務分行，經營國際金融業務。

(8)外商人士得經港區事業代向港區管理機關申請核轉許可，於抵達中華民國時申請簽證。

(9)大陸地區或香港、澳門商務人士得依兩岸關係相關法規辦理申請進入港區，從事商務活動。

四、自由貿易港區之管理

(1)自由港區屬境內關外，區內作業除屬緝私條例及關稅法之範疇外，均依本條例處理，如港區事業之申設或廢止、貨物進出港區之查對、港區之管理運作、走私之預防等均由港區管理機關掌理。

(2)港區事業採自主管理，相關之應遵行事項由海關負責明確規範，海關成立專責查核小組負責查核，基於監督之立場對港區門哨、港區事業之營運場所、港區貨棧等相關地區之貨物及應遵行事項加以查核。

五、自由貿易港區貨物之通關

(1)法源依據：依自由貿易港區設置管理條例第十七條第五項授權訂定自由貿易港區貨物通關管理辦法。

(2)授權訂定項目及範圍：包括港區事業貨物之存儲、重整、加工、製造、通報、通關、自主管理、查核、盤點、申報補繳稅費、貨物流通及其他應遵行事項。

(3)規範自由貿易港區內之通關管理作業，配合風險管理機制，以線上稽核取代大部分之通關申報查驗，簡化通關程序。

(4)以電腦連線或電子資料傳輸方式處理，貨物通關、帳冊管理及貨物控管等事項，使貨物可迅速入出自由港區。

(5)規範自由港區事業之自主管理事項及港區貨棧、港區門哨配合貨物

控管辦理事項。

六、通報與通關規定

1.通　報

⑴國外貨物進儲自由港區、自由港區貨物輸往國外或轉運至其他自由港區，港區事業均應向海關通報，並經海關電腦回應紀錄有案，始得進出自由港區。

⑵港區事業於發貨前向海關通報後，其貨物得在區內逕行交易、自由流通。

2.通　關

⑴自由港區貨物輸往課稅區、保稅區，或課稅區、保稅區貨物輸往自由港區，應依貨品輸出入規定辦理，並向海關辦理通關事宜。

⑵港區事業應以電腦連線或電子資料傳輸方式向海關為之。

關鍵詞

⊙保稅　⊙保稅倉庫　⊙物流中心　⊙保稅工廠　⊙加工出口區
⊙科學工業園區　⊙自由貿易港區

自我評量

1.請說明保稅倉庫之設立條件及其功能。
2.保稅倉庫之重整作業有哪些範圍?又保稅倉庫存倉期限有何規定?
3.請說明物流中心之設立條件及其功能。
4.請說明保稅工廠之設立條件及其功能。
5.請說明加工出口區及科學工業園區其租稅優惠有哪些?

第二十五章　關務行政救濟制度與實務

第一節 關務行政救濟制度概說

　　關務行政救濟係指納稅義務人或受處分人不服海關對其進出口貨物、船機、貨櫃、行李或郵包等物品所為之處分，依關稅法或海關緝私條例、訴願法、行政訴訟法所規定之程序，經向原處分海關聲明異議後，依照法定程序，向原處分海關的上級機關或行政法院分別提起訴願及行政訴訟，請求撤銷進出口地海關原來的處分或決定，以保障受處分人合法之權利或利益。

　　關務行政救濟業務，因不服原處分進行行政救濟程序所依據的法規不同，可分為依關稅法規定進行行政救濟程序案件，以及依海關緝私條例規定進行行政救濟程序案件。

第二節 海關處分可能引發之行政救濟案件

一、依關稅法處分可能引發之行政救濟案件

　(1)依關稅法規定為核定完稅價格、稅則分類、加徵滯報費、加徵滯納

金、罰鍰、沒入及追捕關稅之處分、納稅義務人或受處分人不服聲明異議者。

(2)納稅義務人對海關認定其進口貨物不准免稅有爭議者。

(3)外銷廠商申請登記為海關管理保稅工廠，海關不予核准或保稅工廠進口貨物是否屬於免徵關稅之原料有爭議時。

(4)外銷品申請沖退原料稅捐，海關不予沖退有爭議者。

(5)納稅義務人對短溢徵稅款之補繳或發還之一年期限，計算起訖日期有爭議者。

(6)納稅義務人對海關特別關稅之課徵有爭議者。

(7)納稅義務人對海關會同倉庫管理人逕行查驗進口貨物之措施不服者。

(8)納稅義務人拒不提供提貨單、發票等必備文件或雖提供卻不齊全，海關不受理其報關者。

(9)拒絕海關取樣或爭執取樣數量不當者。

二、依海關緝私條例處分可能引發之行政救濟案件

(1)海關因緝私必要，依規定實施檢查、期驗、搜索，而貨主或其他利害關係人認為海關無權實施搜檢或實施搜檢不當等由，聲明異議或提起訴願者。

(2)依規定扣押貨物或走私運輸工具，貨主或私運行為人或管領人或其他利害關係人認為不應扣押或扣押不當者。

(3)依規定於定案前先行處理或拍賣易腐或危險扣押貨物時，所有人、管領人、持有人或其他利害關係人認為無先行處理之必要或為阻止先行處理聲明異議或訴願者。

(4)依規定申請提供相當之保證或其他擔保，撤銷扣押，海關以其所提供擔保不相當、提供之保證方式不合要求或涉案貨物不宜撤銷扣押等由未允所請時，申請人提起訴願者。

(5)不服海關所為罰鍰、沒入貨物及追繳稅款等之處分，依規定程序提起行政救濟。

(6)對所為處分書之送達合法與否有所爭執者。

(7)對所為異議期限之計算、原處分確定與否之認定等問題表示不服者。

(8)依規定所為繳納原處分或不足金額二分之一保證金或提供同額擔保，而異議人不服，或異議人所提供擔保（如：免具公司法人擔保或戶口聯保等）海關認為不能接受，異議人堅持不另行提供其他擔保以致其異議不予受理，異議人對海關之決定不服另行提起訴願者。

(9)對海關變賣其扣押物，認有損其權益（如指摘變價金額過低或不同意由海關予以變賣等等）提起訴願者。

(10)不服海關移送法院強制執行或停止其報運貨物進、出口者。

(11)不服停止運輸工具結關出口之處分者。

(12)申請備價購回涉案私貨，海關不予核准後提起訴願者。

第三節　關稅及緝私案件之行政救濟

行政救濟程序，納稅義務人或受處分人不服進口地關稅局處分者，除依據關稅法及海關緝私條例規定，應於提起訴願前先經申請復查程序外，受處分人得依訴願法規定逕行提起訴願後，再依行政訴訟法規定提起撤銷行政訴訟。茲依案件性質之不同，分為三類析述之：

一、依關稅法、海關進口稅則所為稅則分類、完稅價格及其他應繳或應補繳稅款爭議案件之救濟程序

實務作業流程解說

(1)納稅義務人如不服進口地關稅局對其依海關進口稅則或關稅法就進口貨物核定的稅則號別或完稅價格，或對關稅法規定應繳或應補繳的關稅、滯納金或罰鍰繳納有異議時，得於收到進口地關稅局填發

稅款繳納證之翌日起三十日內，依規定格式，以書面向進口地關稅局申請復查。

(2)進口地關稅局應於收到申請書之翌日起二個月內為復查決定，並做成決定書，通知納稅義務人。

(3)納稅義務人不服復查決定者，得於收到決定書之次日起三十日內，檢具訴願書經由原處分關稅局向財政部提起訴願。

(4)對於財政部訴願決定仍有不服時，得於收到訴願決定書之次日起二個月內，向高等行政法院提起訴訟。不服高等行政法院判決者，得於收到判決書之次日起二十日內，上訴最高行政法院。

圖 25-1　關稅爭議案件救濟程序

二、緝私案件之救濟程序

實務作業流程解說

(1)受處分人不服進口地關稅局依海關緝私條例所為罰鍰、沒入、停止結關、停止報關等處分者，得於收到處分書之日起三十日內，依規定格式，以書面向原處分海關申請復查。進口地關稅局收到復查申請書後認為有理由者，應撤銷原處分或另為適當之處分；認為無理由者，應維持原處分，並以書面通知受處分人。

(2)受處分人對於進口地關稅局維持原處分的復查決定書如有不服，得

於收到決定書之次日起三十日內，檢具訴願書經由原處分關稅局向財政部提起訴願。

(3)對於財政部訴願決定仍有不服時，得於收到訴願決定書之次日起二個月內向高等行政法院提起行政訴訟。

(4)不服高等行政法院判決者，得於收到判決書之次日起二十日內，上訴最高行政法院。

圖 25-2 緝私案件之救濟程序

三、非稅額爭議之救濟程序

實務作業流程說明

(1)當事人如不服進口地關稅局所為一般關務非稅額的處分，如貨物退運、變賣、銷毀、限制出境等，得於收到處分函之次日起三十日內，檢具訴願書經由原處分關稅局向財政部提起訴願。

(2)對於財政部訴願決定仍有不服時，得於收到訴願決定書之次日起二個月內，向高等行政法院提起行政訴訟。

(3)不服高等行政法院判決者，得於收到判決書之次日起二十日內，上訴最高行政法院。

圖 25-3　非稅額爭議的救濟程序

四、辦理行政救濟程序重要事項

(1)進口人報運貨物進口，因觸犯海關緝私條例被處分時，如受處分人同時對原罰鍰（或科處沒入，或併科沒入）處分所涉及的同一實到貨物原核定的稅則號別或完稅價格有所不服者，得依海關緝私條例規定申請復查，不再依關稅法規定辦理該部分之行政救濟。

(2)由海關代徵之稅捐，其行政救濟程序準用關稅法及海關緝私條例之規定辦理。

(3)關於期間之計算，以納稅義務人或受處分人收受稅款繳納證、處分書、決定書或判決書之翌日起，算至復查、訴願、行政訴訟、上訴受理機關收到復查申請書、訴願書、訴狀之日止（復查申請書如係掛號交郵者，以交郵日為準），應在法定期間之內，期間末日為例假日則順延。

第四節　提起行政救濟應注意事項

一、提起行政救濟之期限

關稅行政救濟的期間問題有幾點必須特別注意辦理：

(1)行政救濟如逾法定期間始行提起，即屬程序不合，依「程序不合實
　體不究」的原則，應不予受理。所以行政救濟提起的期間，關係權
　益得失甚大。但是受處分人或其他利害關係人因不可歸責於自己的
　事由而遲誤時，若不許其固聲請救濟，殊不足以達成保障人民權益
　的目的，故訴願法第十五條第一項有訴願因不可抗力致逾期限者，
　得向受理訴願之機關聲明理由，請求許可的規定。行政訴訟法第九
　十一條第一項亦有「因天災或其他不應歸責於自己的事由，致遲誤
　起訴期間者，於其原因消滅後一個月內，得向行政法院聲請許可其
　起訴。」
(2)在期間的計算上，行政救濟期限的末日為星期日、紀念日或其他休
　假日者，則以其次日代之；期限的末日為星期六者，以其次星期一
　上午代之。
(3)訴願人如不在受理機關所在地居住者，計算行政救濟的期限應扣除
　在途期間。所謂「在途期間」，係指提起行政救濟之人不在機關所在
　地居住，其到達機關所在地，依規定的適當期間而言。故訴願人如
　不在受理機關所在地居住，計算提起行政救濟的法定期限，應於法
　定期間外，「附加」在途期間（即「扣除」在途期間）。

二、提起行政救濟應特別注意事項

1.要符合法定程序

　　要於法定期間內（包括在途期間）提出，並取得收件回執；或直接
向受理機關之收發單位投遞，並取得收據。並且不要弄錯受理機關。而
異議、訴願及起訴狀，均應依法定格式及應載事項，確實書明（機關印
妥固定格式者，最好索取依式繕寫）。

2.理由要充分，內容要簡潔

　　首先注意勿與法令規定相違背，以稅則號別案件而言，有關規定散
見於關稅法、關稅法施行細則、海關進口稅則，稅則解釋準則、附則、

HS（國際商品統一分類制度）註解（包括類註、章註、個別稅號註解）、增註等內容繁多，其適用有一定順序，應詳加研讀，融會貫通，尤應注意特殊規定。若為完稅價格案件，則需注意關稅法規定之核估順序、交易價格之定義、條件、真正內涵。其次引據有關規定、解釋、參考資料等，要註明出處，必要時檢附原件或影本佐證，如係外國文，宜譯成中文。

3.檢附之有關文件應儘可能提供正本

文件應加蓋公司及負責人圖章，以示負責，有關內容則用色筆畫出範圍，並予折頁。而且最好逐件編號，依序排列，裝訂成冊，如件數較多，宜另列一份清單，或在文中專列一項，開列所有附件之名稱。常見之文件有型錄、說明書、成分表、仿單、藍圖、化驗報告、公證報告、產地證明（最好經我駐外商務辦事處驗證較有效力）、行情資料、來往書信、電報、樣品等。

4.請求列席說明

案情複雜、貨物較特殊者，如有不易瞭解之處，可在異議書、訴願書或訴狀內敘明，請求准予列席說明。同意之後，應依通知時間、地點準時到達，發言則要掌握重點。

 關鍵詞

◉ 關務行政救濟　　◉ 復查　　◉ 訴願　　◉ 行政訴訟

 自我評量

1.請說明依關稅法處分可能引發之行政救濟案件有哪些?
2.請說明依海關緝私條例處分可能引發之行政救濟案件有哪些?
3.請說明依關稅法及海關緝私條例之行政救濟程序。
4.請說明提起行政救濟應特別注意哪些事項?

財政學 徐育珠／著

　　本書係作者根據多年從事國內外大學院校有關財經學科教學，及參與實際財稅改革經驗所撰寫而成。其最大特點為內容豐富，而且也包括了現今各國政府的重要財稅措施，及其對人民生活與社會福祉的影響。

　　本書共分二十三章。第一至八章介紹財政學的基本理論和一般概念，第九至十六章討論政府支出的理論與實際，第十七至二十二章討論稅課徵收理論、實務及其經濟效果，最後一章即二十三章則討論財權劃分及其相關問題。內容儘量利用通俗文字，另輔以圖表例證，以深入淺出的方式加以說明，期使讀者易於領會和消化。

稅務會計 卓敏枝、盧聯生、莊傳成／著

　　本書之編寫，建立在全盤租稅架構與整體節稅理念上，係以營利事業為經，各相關稅目為緯，綜合而成一本理論與實務兼備之「稅務會計」最佳參考書籍，對研讀稅務之大專學生及企業經營管理人員，有相當之助益。再者，本書對（加值型）營業稅之申報、兩稅合一及營利事業所得稅結算申報均有詳盡之表單、說明及實例，對讀者之研習瞭解，可收事半功倍之宏效。本書除介紹新舊退休金制度之差異外，並詳細說明營利事業依勞工退休金條例及支付勞工退休金之費用列支規定。

商事法 劉渝生／著

　　本書採用教科書之形式編寫，其內容包括商業登記法、公司法、票據法、海商法、保險法及公平交易法六大部分，而讀者閱讀本書時，可參照六法全書相關之法律條文逐次研讀，則體系及內容更易明確。在各章、節後書中並附有問答題，可測知讀者瞭解程度；一般之問答題亦為參加國內各類考試之重點所在。實例式之問答題可使理論與實際融為一爐，讀者解答後，不但會有豁然貫通之感，且學習興趣亦能相對提高。

行政法導論

李震山／著

　　本書共分為基礎、組織、人員、作用、救濟等五大部分。論述內容除尊重以行政處分為中心之既有研究成果外，並強烈呼應以人權保障為重心，重視行政程序的現代行政法學思緒。因此，除傳統行政法議題之介紹外，行政指導、行政契約、行政計畫、行政資訊公開等皆有所著墨。對於公務員法制則特別分成數章個別探討，期望在揮別「特別權力關係」時代之後，能激發從事行政實務工作者之自我權利主體意識，進而重視行政法之研究。對於許多學者之高見、司法院大法官的解釋及行政法院裁判見解，皆儘可能的加以引用，裨有助於提高讀者研習行政法之效果。

個體經濟學——理論與應用

黃金樹／著

　　本書用語平易近人閱讀輕鬆，只要是對經濟學有基本的認識，又想更進一步瞭解個體經濟學，但同時也擔心過於艱澀的數學模型推導會成為理解阻礙者，本書提供一個完善的學習平台，內容將個體經濟學之重要概念及要點清楚提及，從基本的消費者選擇理論、廠商行為相關理論，一直到近代經濟學發展應用最廣泛的賽局理論、不對稱資訊等理論皆有詳盡分析說明。

總體經濟學

楊雅惠／編著

　　總體經濟學是用來分析總體經濟的知識與工具，而如何利用其基本架構，來剖析經濟脈動、研判經濟本質，乃是一大課題。一般總體經濟學書籍，皆會將各理論清楚介紹，但是缺乏實際分析或是案例，本書即著眼於此，除了使用完整的邏輯架構鋪陳之外，特別在每章內文中巧妙導入臺灣之經濟實務資訊，如民生痛苦指數、國民所得統計等相關實際數據。在閱讀理論部分後，讀者可以馬上利用實際數據與實務接軌，這部分將成為讀者在日後進行經濟分析之學習基石。